Para

com votos de paz.

/ /

Divaldo Franco
Pelo Espírito Joanna de Ângelis

Rejubila-te em Deus

LEAL
Salvador
1. ed. – 2013

1. ed. – 2013 – Formato: 14 x 21 cm
15.000 exemplares

Revisão: Christiane Barros Lourenço
Lívia Maria Costa Sousa
Editoração eletrônica: Lívia Maria Costa Sousa
Capa: Ailton Bosco
Coordenação editorial: Luciano de Castilho Urpia
Produção gráfica:
LIVRARIA ESPÍRITA ALVORADA EDITORA
Telefone: (71) 3409-8312/13 – Salvador – BA
Homepage: www.mansaodocaminho.com.br
E-mail: <vendaexternaleal@terra.com.br>

Dados Internacionais de Catalogação na Publicação (CIP)
(Catalogação na fonte)
Biblioteca Joanna de Ângelis

FRANCO, Divaldo Pereira.
F895 *Rejubila-te em Deus* – 1. ed. / Pelo Espírito Joanna de Ângelis [psicografado por] Divaldo Pereira Franco.
Salvador: LEAL, 2013.
184 p.
ISBN: 978-85-8266-037-9
1. Espiritismo 2. Moral 3. Reflexões I. Título

CDD: 133.9

Impresso no Brasil
Presita en Brazilo

SUMÁRIO

Rejubila-te em Deus 7
1 Deus 13
2 Discrepâncias e traições 19
3 Rumo perdido 25
4 A confiança 31
5 Vírus destruidor 35
6 Flexibilidade 41
7 Florescer 45
8 A psicologia da oração 49
9 Compaixão e compreensão 55
10 Síndrome do pânico 61
11 Peregrino do Senhor 67
12 Água e sabedoria 73
13 Parábolas e símbolos 77
14 Autossuperação 83
15 Desapegos 89
16 Tragédia do cotidiano 95
17 Arrogância 101
18 No deserto 107
19 Treinamento para a desencarnação 111
20 Convulsões morais 117
21 A bênção da paciência 123
22 Culpa e responsabilidade 129
23 Afetividade conturbada 135
24 Conquista interior 141
25 Construções do Bem 147
26 Inteligência e emoção 153

27 Ponte de misericórdia 159
28 Amanhecer da imortalidade 165
29 Glória da imortalidade 171
30 Vencedor Incomparável 177

Rejubila-te em Deus

Ante as gloriosas luzes da cultura e da civilização hodiernas, o ser humano contempla os espaços infinitos e deslumbra-se com as galáxias que pulsam no Universo, num ritmo melódico de incomparável beleza, enquanto as micropartículas prosseguem no seu grandioso mister de aglutinar-se, congelando-se para surgir em formas fascinantes que dão sentido à vida física.

Em tudo e em toda parte há beleza e harmonia demonstrando a extraordinária capacidade do Pensamento Divino, no qual, o concerto sinfônico do Cosmo deslumbra e comove o ser humano, ao mesmo tempo extasiando-o ante a impossibilidade de compreender a soberana Criação.

Da pequenina erva que se abre em perfumada e delicada flor, ao pássaro que chilreia no ninho e flutua no ar até aos arquipélagos de astros fulgurantes no Infinito, facultando a percepção da grandeza do Pai Criador, tudo vibra e se encadeia incessantemente.

A delicada borboleta que oscila na suave brisa, assim como o verme que rasteja no solo e mergulha na lama, expressam, sem palavras, os milagres que formam a vida na sua multiplicidade de apresentações.

No minúsculo DNA onde se encontra toda a história da evolução do ser humano desde priscas eras, assim como nas incontáveis constelações desconhecidas, existe um equilíbrio que ultrapassa a capacidade de entendimento das mentes mais privilegiadas e audaciosas, apresentando a glória de Deus.

Ante a decomposição orgânica, demonstrando transformações e os buracos negros absorvendo galáxias, renovam-se as maravilhosas construções celestes, confirmando que não existe o repouso, o vazio, e que tudo é movimento, ação, em intermináveis experiências de formas e de conteúdos.

Paisagens iridescentes na Terra e pântanos em permanente processo de apodrecimento constituem fenômenos transformadores, qual ocorreu com oceanos que mudaram de lugar deixando desertos e aridez inclementes, enquanto adornam de vida outras áreas onde pairava a sombra da morte.

Florestas quase impenetráveis e pomares ricos de frutos, externam o poder da inteligência produtiva, trabalhando os desconhecidos recursos da Natureza em contínua transformação.

Tempestades e tsunamis, terremotos e vulcões, tornados e degelos destrutivos, transformam-se em redutos de incomum estesia através dos tempos.

Cavernas sombrias, ricas de estalactites e estalagmites, por onde correm águas cristalinas, mantêm peculiar fauna que a imaginação não pode conceber.

O adubo transforma-se em perfume e alimento, o astro em explosões nucleares espalha a energia que mantém o eletromagnetismo cósmico dentro do esquema que estabelece todas as alterações que culminam na ordem, na estesia, na magnificência espiritual.

Noites estreladas por miríades de lanternas mágicas e dias ensolarados sustentando a vida em todas as suas mani-

festações, assim como tudo mais, representam o Amor de Deus para com os Seus filhos deambulantes no processo evolutivo pelas trilhas da reencarnação, a fim de que alcancem a plenitude.

O Seu incomparável Amor e a Sua sapiência estabeleceram todos os paradigmas e formas que constituem a Criação, a fim de que a vida seja exuberante e grandiosa.

✶

Rejubila-te em Deus em todos os momentos da tua existência!

Não relaciones os dias felizes e os desventurados, entorpecendo-te ou exaltando-te desnecessariamente.

Cada fenômeno ocorre como efeito de uma causa nem sempre identificada, mas projetada para a execução do Divino Programa.

Não consideres boas apenas as ocorrências que proporcionam ligeiro prazer dos sentidos, abrindo lugar para novas buscas de sensações. Tampouco defínas como desgraças os acontecimentos que convidam à reflexão e à correção de comportamento.

Nem tudo que parece ou se apresenta como bom e agradável é possuidor dos requisitos proporcionadores da alegria que produz paz.

É necessário que a paz interna seja iluminada pela presença de Deus que te sustenta mesmo sem que o percebas.

Desde o ar que te mantém o corpo até o pensamento que te faculta o entendimento das ocorrências, são dádivas da Sua misericórdia, a fim de que evoluas e libertes-te dos grilhões da ignorância, filha do primarismo por onde transitaste.

Cada testemunho, toda aflição bem recebida, facultam-te maior percepção da realidade, melhor sensibilidade para o discernimento do que podes e deves fazer, assim como daquilo que deves e podes fazer...

Nem sempre o que se apresenta como caos é destruição, porquanto nele existe também uma ordem preestabelecida que nem sempre é detectada, mas cujos efeitos surgirão mais tarde em equilíbrio e harmonia.

O hábito de rejubilar-te em Deus, enriquecer-te-á de serenidade e te concederá a visão correta da existência terrena com todos os seus significados psicológicos.

O júbilo também será uma forma de expressares gratidão a Deus pela bênção do entendimento das Suas Leis e a oportunidade de bem vivenciá-las.

Não estás na Terra por eleição pessoal, mas por destinação histórica procedente do processo de desenvolvimento intelecto-moral.

Utiliza-te, pois, com sabedoria de todas as ocorrências, sempre retirando o melhor proveito para o teu crescimento espiritual.

Procura auscultar a Natureza, a fim de que ouças a voz e a presença de Deus ínsita em toda parte.

Quando conseguires perceber-Lhe a onipresença, experimentarás inexcedível júbilo, porque te darás conta conscientemente que és Seu filho amado e nunca te encontras a sós, sem o Seu amparo.

Sai, portanto, da autocompaixão, da queixa, da autopunição, do conflito, e aspira a luz e o oxigênio divino que te darão sentido à existência, contribuindo para que te rejubiles sempre e sem cessar.

Faze-o, porém, hoje, não postergando a oportunidade para outra ocasião, pois que este é o dia da tua renovação e do teu encontro com Deus.

✶

Algumas das páginas que estão enfeixadas na presente obra foram, oportunamente, publicadas em alguns órgãos de difusão do Espiritismo.

Aqui se encontram revistas e em harmonia com o propósito do nosso livro, a fim de que a gratidão e o júbilo estejam presentes nas mentes e nos corações daqueles que nos honrem com a generosidade da sua leitura.

Não se trata de um trabalho original, mas também não é apenas um livro a mais, antes temos como objetivo repetir lições esquecidas, dando-lhes vestimenta nova e atual, propor ideias talvez antes não ocorridas em quem nos leia, apresentar singelos conceitos que nem sempre são detectados, de modo que a existência na Terra se torne mais bela e apetecida.

Esperando haver contribuído com o nosso grão de mostarda no imenso repasto da literatura-especialidade, agradecemos a Deus a oportunidade que nos concedeu e nEle nos rejubilamos.

Paris, 06 de junho de 2013[1]
JOANNA DE ÂNGELIS

---

[1] Em homenagem ao sétimo aniversário de criação do Centro de Estudos Espíritas Joanna de Ângelis, em *Vitry-sur-Seine*, França, fundado no dia 06 de junho de 2006. Nota da Autora espiritual.

1

Deus

Após a necessária separação da fé religiosa com a investigação científica dos fatos a partir do século XVII e com o renascimento do *atomismo grego*, o materialismo avançou com segurança pelos desconhecidos caminhos da realidade.

Deixando à margem as fantasias e as superstições defluentes da ignorância ancestral, de que se utilizavam algumas doutrinas religiosas, que estabeleceram o período do terror da fé, gerador de crimes hediondos, os cientistas sinceros e os investigadores comprometidos com a consciência livre de dogmatismos e preconceitos penetraram nos arcanos da Natureza e foram interpretando as leis que a constituem, ultrapassando os mitos e estabelecendo novos paradigmas de segurança para o avanço cultural e o progresso em geral.

É compreensível que, após milênios de escravidão e subserviência de qualquer natureza, quando se alcança a liberdade de pensamento e de ação, ocorra o desequilíbrio decorrente da falta de novos conceitos que estabeleçam o que é lícito em relação àquilo que o não é, e o materialismo na sua ampla feição, como era natural, passou a impor-se mediante os métodos absolutistas que condenava nos comportamentos ancestrais.

Filósofos apaixonados e imprevidentes, assinalados alguns por amarguras e conflitos, declararam a morte de Deus; e investigadores entusiasmados proclamaram que *a alma é uma sudorese do cérebro, à semelhança da urina que é uma excrementação dos rins...*

Sem os suportes do bom senso e da razão harmonizada com a emoção, a ética-moral entrou em desvario e muitos descalabros morais e sociais passaram a ser considerados legais, em nome da liberdade individual e coletiva das massas, tais como: a pena de morte, o suicídio, a eutanásia, o aborto provocado, o gozo exaustivo...

O hedonismo substituiu o sentido psicológico profundo da existência humana e o prazer tornou-se a meta anelada, tendo-se em vista a brevidade da existência carnal e o exíguo tempo para a fruição de todos os favores do prazer.

O monstro da guerra encontrou suporte para prosseguir na alucinada destruição de vidas e de culturas, por apoiar-se em falsos conceitos de superioridade étnica, econômica, cultural e nos enganos do poder capaz de esmagar os outros, a fim de dispor de mais recursos para a ociosidade e para a opulência, sem qualquer respeito pelas vidas que passaram a estorcegar nas suas tenazes vigorosas.

O consumismo substituiu o comportamento saudável do uso correto de todos os recursos, as disputas individuais, coletivas e internacionais tornaram-se perversas e egoístas, demonstrando, porém, que todas as conquistas do conhecimento exterior não lograram tornar mais felizes os indivíduos, nem mais ditosos do que os seus antepassados.

Eliminaram-se, sem dúvida, enfermidades dizimadoras, mas outras surgiram não menos destrutivas, conseguiu-se expulsar da Terra pandemias ultrajantes, enquanto que outras apareceram mais cruéis, ao tempo em que a técnica de diagnóstico mediante tecnologias avançadas descobriu outros fatores de aniquilamento do corpo com caráter degenerativo, ao lado das tremendas perturbações nascidas no vazio existencial, na perda de sentido psicológico, nos tormentos do sexo e nas fugas pelas drogas aditivas e pelos vícios devastadores...

A paisagem humana do materialismo tem sido sombria, atormentada, e os sorrisos que a mascaram, na grande maioria, são mais esgares e extravagâncias do que júbilos...

Para onde caminha a Humanidade? Sem dúvida, apesar de tudo, para Deus!

✶

Diante das circunstâncias e negativas ostensivas, cheias de agressividade e revolta, Deus existe e vela pelo Universo...

Lenta e seguramente, cientistas de valor moral e coragem incomum erguem suas vozes para afirmar que encontraram Deus nas suas retortas, através dos seus instrumentos avançados, seja nas lentes ópticas dos telescópios fora do planeta, como dos microscópios, dos aparelhos da nanotecnologia, da holografia, das ultrassonografias, dos choques de micropartículas, demonstrando a Sua autoria em relação ao Cosmo e a tudo quanto existe.

Alguns deles confirmaram que existe uma *Lei Moral no Universo* que se encarrega de tudo, de maneira consciente e adequada, estabelecendo os paradigmas da realidade.

Outros, deslumbram-se, ao concluírem que existe no ser humano um *DNA de Deus*, responsável pela crença natural de que todas as criaturas são constituídas.

Diversos outros experimentadores audaciosos, definem que o *rastro de luz*, também chamado *bóson de Higgs*, resultante do choque de prótons que reproduz a *grande explosão*, é a *assinatura de Deus* na Criação.

Ressoa na astrofísica a afirmativa de um grande sábio, afirmando que o Universo é um *Grande Pensamento*, tem vida, expande-se, e na sua infinita grandiosidade é uma *Unidade* pulsante.

Alguns graves investigadores optaram por substituir o verbo crer, relativo às várias mudanças que se permite, pelo saber, e quando interrogados se acreditavam em Deus, responderam com simplicidade e sem explicações: *Eu sei!*

Mais alguns atentos observadores encontraram no cérebro humano, graças às pesquisas de avançada tecnologia, um ponto de luz, que denominaram como *ponto de Deus*, e vários outros investigam as inúmeras expressões de tudo quanto existe, atribuindo-lhes uma causa única, inteligente, que tudo elaborou partindo de apenas um princípio...

No passado, desde Lord Bacon, passando pelos mais notáveis cientistas e investigadores que promoveram o desenvolvimento das diversas doutrinas em que hoje se baseiam algumas teses materialistas, os seus expoentes eram fervorosos crentes em Deus e o declaravam com o valor moral de que se constituíam.

Inelutavelmente Deus está de volta à cultura hodierna.

Não somente através do encontro com Ele nas Leis Universais, assim como no íntimo dos sentimentos que O necessitam, a fim de serem equacionados os tormentos que infelicitam, atirando as suas vítimas aos abismos da insensatez e do suicídio.

Fundamentado todo o seu contributo libertador na crença em Deus, o Espiritismo afirma que *Deus é a inteligência suprema e a Causa primeira de todas as coisas*, em sintética definição que deram os Espíritos ao Codificador, quando os interrogou.

Deus, portanto, encontra-se ínsito no ser, aguardando ser descoberto e ampliado, assim como no Universo, em todas as suas manifestações.

✶

Docemente Jesus chamava-O *Pai* numa expressão de infinita doçura e afabilidade, facultando a todos buscá-lO e vivenciá-lO ao longo da experiência evolutiva, que mais os aproxima dEle.

Permear-se do Seu Amor e auscultá-lO na mente e no coração é o dever que a todos cumpre vivenciar neste grave momento de aflições e dores que domina os indivíduos e a sociedade terrena.

...Enquanto isso Deus ama e aguarda!

2

Discrepâncias e traições

Onde se encontre o ser humano aí estarão também os seus desafios, as suas dores e angústias, os seus conflitos e tormentos...

Mesmo depois de aderir a um ideal de beleza e de dignificação, objetivando a evolução própria e a da sociedade, por expressivo tempo nele predominam as disposições perturbadoras e negativas, gerando embaraços e incompreensões.

Em face da sua formação ético-moral e do seu nível de consciência, as questões que se lhe apresentam constituem-lhe desafios de alta complexidade a vencer, de modo a superar os hábitos anteriores e poder adaptar-se às novas condutas.

Passado o período de entusiasmo e deslumbramento, a pouco e pouco, ressumam do seu inconsciente os conflitos e maneiras de ser, quase sempre dando lugar a choques de opiniões e de comportamentos com o novo estado.

Quando são indivíduos de boa formação moral, esses conflitos podem ser discutidos naturalmente com os demais, sem as marcas danosas dos ressentimentos e de outras paixões inferiores que interferem na maneira de expressar-se e na dificuldade para aceitar as diferentes propostas.

Como o seu é o desejo de tornar-se melhor e acertar com segurança nos novos rumos a seguir, as discrepâncias de opinião são aclaradas e aceitos os novos comportamentos na medida do possível.

Nada obstante, quando se tratam de criaturas temperamentais, egotistas, acostumadas a impor suas próprias ideias, a questão faz-se tormentosa. E porque o candidato não está interessado na sua transformação moral para melhor, sempre considera ser portador de razão e que os erros que se apresentam pertencem sempre ao outro, ao seu próximo com quem irá conviver.

Não tendo estrutura moral para os diálogos francos e honestos, para as discussões saudáveis, transformam as diferenças de opinião em flagício para aqueles que formam o grupo ao qual se vinculam.

É, nesse momento, que os sentimentos interiores perversos afloram e surgem as agressões, as hostilidades e, pior, certamente, os movimentos de protesto contra o que encontraram, torpedeando a administração, agindo com hipocrisia em relação aos demais membros da instituição e tramando os lamentáveis dissídios, as destituições de cargos daqueles que se esforçam para manter a ordem.

Sem a coragem da conduta correta, utilizando-se da lealdade para com os seus afins, mantêm a aparência gentil e agradável, comportando-se de maneira totalmente oposta, quando formam grupelhos e instigam outros descontentes.

São tramadas, então, as vergonhosas traições que respondem, não poucas vezes, pela destruição de labores edificados a duras penas, que possuíam integridade e união, passando a sofrer os acirrados combates maldisfarçados desses algozes impenitente.

Deveria, todo aquele que não se encontra de acordo com as diretrizes de qualquer labor a que se deseja vincular, em vez de tentar modificar-lhe a estrutura, alterar a sua própria, unindo-se aos que trabalham, a fim de mais os ajudar, ou afastar-se discretamente, sem semear distúrbios e maledicências infelizes.

O Mal sempre marcha empós o Bem, assim como a *sombra* que acompanha todo movimento luminífero.

É indispensável que todos se precatem da inspiração do Mal e mantenham-se dignos de respeito, cooperando sempre, em vez de complicar o que encontram.

É natural o direito de discrepar, de dissentir, nunca, porém, de confundir, de impor o seu pensamento como sendo o mais respeitável, o que merece consideração.

Quando alguém se acerca de qualquer grupo social atraído pelos seus discursos e propósitos, deve ter em mente que ali se encontra para aprender, para servir e ampliar-lhe os horizontes, a fim de beneficiar-se assim como aos demais.

É sempre infeliz a maneira como se conduzem os indivíduos que se creem donos da verdade, irrepreensíveis, ou que, na sua maneira hábil de seduzir adeptos para as suas façanhas destrutivas, embora reconheçam que *ainda são imperfeitos*, desejam que tudo seja feito com perfeição...

Naturalmente, o trabalho do Bem não está isento de presenças dessa natureza.

De portas abertas a todos aqueles que desejem contribuir para o desenvolvimento ético-moral da sociedade, o Bem, a fim de expandir-se, necessita da cooperação e do auxílio de todos aqueles que se lhe candidatam ao ministério.

Não estando armados os seus membros contra coisa nenhuma ou pessoa alguma, têm por objetivo amar a todos, de modo que os nobres propósitos mantidos sejam transformados em ação dignificadora, transformando os projetos em realizações.

Infiltrados por quantos se lhe acercam, estão sempre sofrendo as imposições dos que lhe desconhecem os alicerces e as estruturas morais.

Acostumados às maneiras do comportamento social, nem sempre edificantes ou leais, trazem esses hábitos doentios para a nova grei e, mesmo sem a intenção consciente, terminam por comprometer o trabalho.

São maledicentes, caprichosos, furtam e roubam quando têm oportunidade, mantendo inexplicável cinismo diante dos outros, aos quais acusam de má conduta, projetando a sua imagem naqueles que deveriam auxiliar.

Tornam-se fáceis instrumentos dos Espíritos ociosos que se comprazem em gerar mal-estar e prejudicar as iniciativas que dignificam a criatura humana e a sociedade.

É necessário estar vigilante em relação a esses Espíritos desavisados, ricos de necessidades e pobres de sentimentos elevados.

Enfermos da alma, precisam de ajuda e de compreensão, porém, de forma que não se transformem em problema na instituição, não lhes permitindo posições que estimulam a vaidade e liberam a presunção.

O serviço com Jesus é feito de honradez e sacrifício, não, poucas vezes, sob o açodar de mil inquietações e normalmente sob chuvas de granizo...

O prazer, no entanto, de encontrar-se na Seara de luz, deve constituir razão elevada para não desanimar, nem se permitir perturbação de natureza alguma.

✶

Nem Jesus esteve isento da incompreensão desses indivíduos, que sempre se apresentavam em Seu caminho, tentando criar-Lhe impedimentos.

Técnicos nos sofismas perversos, os fariseus não postergavam oportunidade de tentar embaraçá-lO com as suas questões soezes.

O Mestre, no entanto, sempre compassivo, suportava-os por misericórdia, mas, quando necessário, utilizava-se da energia que desmascara a hipocrisia e estabelece as diretrizes da verdade.

Desse modo, diante daqueles que discrepam no trabalho em que te encontras, faculta-lhes esse direito, mas não permitas que se transformem em reformadores, sem que se hajam transformado antes para melhor.

3
Rumo perdido

Contempla a imensa caravana dos indivíduos que perderam a direção de si mesmos e malbaratam a oportunidade que dispõem para ser felizes.

Alguns extraviaram-se nos desvios da jornada, optando pelas veredas desconhecidas das fantasias e do prazer sem o correspondente contributo da responsabilidade.

Outros renasceram assinalados pela culpa e fixados aos erros, experimentando os tormentosos conflitos de inferioridade ou de narcisismo, fugindo das estradas luminosas dos deveres e procurando esconder-se nos lôbregos antros dos vícios em que chafurdam.

Número incontrolável deles transita hebetado, sem ideal nem interesse pelos valores que dão sentido à existência física.

Com esgares, que lhes substituem os sorrisos do encantamento perdido, seguem sem rumo para lugar nenhum, solitários ou em grupos horrendos, onde escondem as mazelas...

Nem sequer experimentaram os júbilos naturais da existência, porque foram empurrados com violência para o fosso onde derrearam...

As suas expressões faciais traduzem as batalhas internas que são travadas nas paisagens do medo ou da revolta, das ambições desarvoradas ou dos desencantos, fazendo-os sucumbir.

A sociedade desatenta e preconceituosa, na sua condição de órgão humano coletivo, em vez de buscar arrancá-los da deplorável situação que se permitiram ficar, evita-os, ignorando-lhes as dores acerbas.

Sem resistências morais, que advêm das experiências dignificadoras, eles facilmente desistem das tentativas de soerguimento, naufragando no paul da indiferença que os amortalha.

Número maior do que se pensa, constroem, embora inconscientemente, o submundo moral, onde se homiziam, formando as multidões de caminhantes sem roteiro, que pesam na economia moral do planeta...

Perseguidos por milicianos cruéis, irresponsáveis que são, porque também agridem-se como hienas famélicas, são açoitados, de um para outro lado empurrados e perseguidos...

Detém-te a observar na claridade do dia, mas principalmente nas sombras pesadas da noite, esses seres que se desumanizam e, como fantasmas, espiam com receio ou com mágoa os transeuntes que lhes parecem ditosos.

Invejam as aparências dos afortunados, conforme pensam, e porque somente recebem as migalhas que lhes são atiradas com desprezo, odeiam-nos.

Não fiques insensível ante os numerosos membros da caravana dos tristes e vencidos.

Todos eles são teus irmãos!

Não tiveram a mesma oportunidade que desfrutas, assinalados pelos delitos transatos de cujas consequências não se têm podido evadir.

Mas, assim mesmo, são teus irmãos necessitados de compaixão, de ensejo, de um lugar ao Sol.

Afirmas, em mecanismo de fuga da responsabilidade, que nada podes fazer, que são muitos e não dispões daquilo que lhes é indispensável.

Essa é uma vã justificativa, que deves corrigir quanto antes, já que te luz a ocasião para ajudá-los.

✶

Renasceste para construir o mundo melhor.

Desarma-te em relação aos agressores, aos sofredores, aos trânsfugas do dever, e ama-os.

Abre-lhes o coração, irradiando ternura e fraternidade.

Faculta-lhes amizade, ofertando-lhes a face em sorrisos em vez da carantonha de reproche ou de mágoa.

Fala-lhes sem preconceito, não os excluindo dos teus relacionamentos, quando te buscarem.

O mínimo que lhes conceda é de grande significação para a sua carência imensa.

Recorda que o oceano é constituído de gotículas d'água, da mesma forma que os areais quase infinitos se formam com pequeninos grãos de terra...

Se direcionares a tua mente no rumo deles, enviando-lhes mensagens de compaixão, diminuir-lhes-á a miséria moral, contribuindo para o seu soerguimento, pois que sempre há possibilidade de êxito.

Sabes que o processo de evolução ocorre sem grandes saltos, mas passo a passo.

Sê tu quem dê esse primeiro passo na direção daqueles que já não sabem caminhar.

Mentalmente, coloca-te no lugar de algum deles, e pensa quanto gostarias de receber de quem se encontrasse em melhor situação. Faze, então, o que anelarias que te fizesse.

A caravana dos Espíritos sem rumo não se restringe apenas aos deambulantes carnais, mas também aos desencarnados em aflição.

Não se deram conta de que o fenômeno da morte retirou-os das roupagens carnais.

Ignorando a realidade da vida exuberante, apegam-se aos despojos em desagregação e enlouquecem sem entender a ocorrência.

Ajuda-os com a tua oração, com a emissão de ondas mentais de simpatia e de solidariedade.

Algum dia, no passado, estiveste em situação afligente como a que eles hoje sofrem, e foste recolhido pelas mãos sublimes do amor, que foram distendidas na tua direção.

A proposta soberana da vida é fazer por outrem tudo quanto se gostaria que lhe fosse oferecido.

Como te encontras no rumo certo, buscando a luz da Inefável Misericórdia, assinala a tua passagem pela Terra, deixando pegadas como se fossem pequeninas estrelas fulgindo no solo, para apontar o caminho àqueles que seguem na retaguarda.

Não te canses de auxiliar, nem te irrites com os esfaimados de pão, de paz, e, principalmente, de amor.

✶

As alegrias que recolhas junto aos padecentes do caminho, fortalecer-te-ão para facultar-te tentames mais audaciosos no futuro.

O mundo atual encontra-se constituído pelas ações que foram realizadas no passado, abrindo as portas para o futuro enriquecido de plenitude, quando todos os seres encontrarão e seguirão o rumo de Jesus.

4
A CONFIANÇA

Dentre os fatores psicológicos que contribuem para o bem-estar dos seres humanos, a confiança moral destaca-se como de fundamental importância, sem a qual, problemas diversos estabelecem-se no imo em forma de conflitos perturbadores.

Biologicamente a confiança encontra-se ínsita na constituição física procedente do Espírito que é o ser causal.

A confiança é bênção que proporciona saúde e paz, facultando que endorfinas contribuam para a harmonia orgânica geral e a ausência de dores que, normalmente, afligem a criatura.

O desenvolvimento cultural, muitas vezes, como resultado das experiências que defluem dos relacionamentos, nem sempre saudáveis, instala no psiquismo a desconfiança, fruto espúrio de condutas infelizes que se tornaram aceitáveis no grupamento social.

Filha dileta do medo, da perda, da agressividade, dos dislates e infâmias, responde pela insegurança que aturde a maioria das pessoas.

Algumas pensam que, em se resguardando na suspeita acautelatória, conduzem-se bem, em razão do expressivo número de insensatos, de exploradores, daqueles que se comprazem em infelicitar.

A vida, no entanto, propõe a confiança como sendo o recurso valioso, senão indispensável, para tornar longa a existência, coroando-a de harmonia e de júbilos internos.

Essa conduta, no entanto, de maneira alguma elimina as precauções necessárias para que não se seja lesado nem agredido nos sentimentos de honradez e de equilíbrio emocional.

Quando se foi vítima de exploração indevida realizada pelo abuso em relação ao sentimento de fé e de respeito, o indivíduo arma-se, evitando que se repita o incidente infeliz.

Igualmente, heranças ancestrais, procedentes de existências transatas, dificultam a confiança em razão de suspeitas decorrentes de ações nefastas que permanecem fixadas nos refolhos da alma.

Ressumando em forma de conflito, de insegurança emocional, cria dificuldade para a entrega, a instalação da confiança no seu mundo interior, experienciando inquietações, inseguranças, receios injustificáveis.

Necessário torna-se cuidar de não cerrar a porta da afabilidade a todos como mecanismo defensivo, a fim de que se não repita a conduta deplorável, característica de transtornos emocionais.

A criança que se entrega aos cuidados da mãezinha em totalidade é o mais belo exemplo de inconsciente confiança, que lhe jaz adormecida, preparando-a para uma existência estável e saudável.

À medida, porém, em que a razão produz discernimento, receios que procedem do passado liberam-se dos depósitos da memória anterior e surgem as suspeitas, os ciúmes, os receios.

A criatura humana, em consequência do instinto gregário, necessita de viver em grupo, em sociedade, em confiança.

✶

O sentimento da confiança é automático na existência física, exceção feita às ocorrências psicopatológicas.

Movimentando-se de um para outro lado, confia-se que tudo vai bem e nada acontecerá.

Quando se alimenta, o indivíduo não desconfia que o alimento poderá estar envenenado, que o condutor do veículo que usa irá chocá-lo contra outro, que o controlador do voo forneça instruções erradas...

Tudo quase, na Terra, ocorre de maneira automática em forma de confiança, como resultado da civilização, da ética, dos princípios de honra.

Ao submeter-se a um complexo tratamento cirúrgico, o paciente é induzido a confiar na equipe médica encarregada de trabalhar pela preservação da sua vida, pela recuperação da sua saúde.

Todos os indivíduos interdependem-se, porque se necessitam e, dessa forma, completam-se.

Numa análise profunda da *Lei de Amor* preconizada por Jesus, a confiança desempenha função relevante, por fazer-se indispensável na vivência do postulado a ser abraçado.

Educando-se felinos portadores de instintos destruidores, os seus tratadores confiam nos resultados eficazes dos tentames e vivem lado a lado em perfeita identidade.

O mesmo acontece em relação a outros animais agressivos cuja cadeia alimentar põe em perigo todos aqueles que se lhe acercam.

Certamente existem os enfermos emocionais, os doentes da alma que, desconectados da honra e do Bem, acreditam-se astutos suficientes para burlar, trair, explorar os demais que consideram ingênuos, ignorantes, indefensos...

Realmente o são, dessa maneira, aqueles que agem desonestamente, que usurpam, enganam e confessadamente comprazem-se em ferir, em agir com dolo e infâmia.

Não descures de cultivar a confiança na vida, nos valores éticos que te são propostos pela reencarnação.

Viver na Terra é também experimentar riscos.

Ninguém evolui sem a experiência dos riscos e tentames de erro e de acerto.

O número daqueles que constituem a fauna humana das aberrações é menor do que a dos que respeitam e conduzem-se com a equidade possível.

Confia nas bênçãos do Pai, que espera o teu processo de elevação e avança em paz.

*

Toda a vida de Jesus foi uma permanente lição de confiança.

Convidou a gente de má vida com todos convivendo, reuniu à Sua volta homens e mulheres simples do povo, desprezados, na sua maioria, e alguns considerados como ralé, para edificar o Reino de Deus na Terra.

Explorado por uns, anatematizado e perseguido por outros, traído e abandonado, permaneceu confiando na grandeza moral de todos que um dia despertariam para a realidade conforme vem acontecendo.

5
Vírus destruidor

A intriga é semelhante a um vírus destruidor que se multiplica rapidamente, aniquilando a organização de que se nutre.

Imiscui-se sutilmente e prolifera com volúpia, irradiando a sua morbidez devastadora.

Com facilidade transfere-se de uma para outra vítima, conseguindo gerar o ambiente pestífero que lhe é próprio.

O intrigante, por sua vez, é enfermo da alma, portando graves distúrbios emocionais e morais.

É invejoso, e transfere-se da conduta deplorável que lhe é característica para a das acusações perniciosas; é portador de complexo de inferioridade, mantendo sentimentos competitivos com os demais, e porque não possui os requisitos hábeis para vencer, oculta-se na intriga, mediante a qual denigre aquele de quem se faz opositor; é perverso, porque respira mágoas a respeito do seu próximo, que procura anular através das covardes assacadilhas...

Urde planos nefastos e mascara-se com sorrisos pérfidos com que engana as suas vítimas, enquanto as combate com ferocidade.

Sempre armados, a sua imaginação corrompe tudo quanto ouve e vê, adaptando à vérmina que traz no pensamento.

Ninguém se livra da intriga insidiosa e cruel.

São célebres na história da humanidade as intrigas palacianas...

Nas cortes, onde a frivolidade e o ócio predominavam, as intrigas no passado, assim como no presente, têm sido o alimento mantenedor dos parasitas morais que as constituem.

Quase todas criaturas têm sido abaladas pela insídia da sua maldade, que derruba potentados e afasta pessoas nobres da execução dos seus elevados ideais.

Tronos são derruídos pela insídia da intriga; reis e governantes outros tombam nas suas malhas que os asfixiam.

A intriga é irmã gêmea da traição que se homizia no âmago dos Espíritos infelizes.

Todo grupamento social, político, acadêmico, popular, religioso, cultural ou de trabalho e de lazer, é vítima dos profissionais da intriga, neles integrados com os nefandos objetivos de os desagregar.

...E a intriga campeia a soldo da insegurança, da imaturidade psicológica das criaturas humanas.

O intrigante é instrumento dócil das Trevas que pretendem manter a sociedade na ignorância, no atraso moral, a fim de nutrir-se das emanações humanas que vampirizam.

Movimenta-se com facilidade porque é pusilânime, torna-se hoje amigo daquele que no passado feriu, e assim, sucessivamente, em relação às pessoas que, no futuro, serão suas vítimas.

Alegra-se ao ver os distúrbios que provoca sem deixar-se trair, sorri de prazer ante as injunções penosas que a sua conduta reprochável dá lugar.

Encontra-se em toda parte, por constituir larga fatia da sociedade inditosa que se compraz na maledicência, nas observações distorcidas...

São necessários antídotos vigorosos para sanar essa epidemia ou muita água em forma de paciência e compaixão para apagar os incêndios morais que provoca.

✶

A intriga é semelhante a cupim que destrói a fonte de onde retira o alimento, sem deixar vestígios externos, até o momento em que se desorganizam as estruturas nas quais se refugia.

Fecha os ouvidos à persuasiva palavra simulada do intrigante, que te escolhe para a catarse da própria desdita.

Não passes adiante a informação infeliz que ele te transmite com o objetivo de envenenar-te o que, invariavelmente, consegue.

Abafa a intriga que te chega ao conhecimento no poderoso algodão do silêncio e da dignidade.

Desarma-te, em relação ao teu irmão, adquire autoconfiança e autoconsciência, que te instrumentalizam para não aceitares a morbidez da intriga destruidora.

Mesmo no colégio Galileu, a intriga e o ciúme campeavam, e culminou na traição de Judas e em a negação de Pedro em referência a Jesus, que sempre os amou.

Sê fiel ao teu ideal, mantém lealdade com relação àqueles que constituem a tua família biológica, assim como a espiritual.

Não agasalhes informações nefastas, deixando-te contaminar pelo morbo sempre ativo da intriga.

Respeita a concha dos teus ouvidos, preserva-os da intriga e dignifica a tua voz sem a propagar, e, dessa maneira, deixa-a diluir-se no oceano da tua conduta moral.

Aqueles que se permitem criar embaraços ao seu próximo, que os acusam indevidamente, que tecem as redes das informações malsãs, que os vigiam de forma implacável, empurra-os na direção do abismo do desânimo e do sofrimento, sendo responsáveis pelo mal que lhes venha a acontecer.

São as mãos invisíveis que os asfixiam e as forças infelizes que os comprimem, que os derrubam pelo caminho da evolução.

Se alguém, por acaso, não corresponde à tua confiança, nem retribui o teu comportamento sadio, não te aflijas, porque o infeliz é ele que, ingrato, não é capaz de compreender a beleza nem o significado da amizade legítima.

Em qualquer circunstância, sê aquele que vive com elevação e honradez, a fim de que longos e saudáveis sejam os teus dias na viagem abençoada pela Terra.

Divulga o Bem e canta a glória da afeição pura, entroniza na mente e na emoção, os valores da alegria defluente dos deveres retamente cumpridos.

Embora aceito pelos frívolos, o intrigante é detestado e temido por todos, que lhe conhecem o caráter e percebem que, de um para outro momento, poderão ser-lhes vítimas também.

O que fazem com os outros, certamente farão contigo, sem compaixão.

*

Jesus recomendou a vigilância e a oração como terapia preventiva e curadora, para uma existência digna e feliz.

Vigia as *nascentes do coração* para que nelas brote a água lustral do amor que se expande, enquanto oras, arando com os tratores da caridade, os solos humanos que a vida te oferece.

Intriga, jamais!

6
Flexibilidade

Todo comportamento extremista responde por danos imprevisíveis e de lamentáveis consequências, por sustentar-se na intolerância e no desrespeito à inteligência e ao discernimento dos demais.

A consciência equilibrada busca sempre o comportamento mais saudável, expressando-se de maneira gentil, mesmo nas circunstâncias mais severas e afligentes.

A flexibilidade é medida de cometimento edificante pela faculdade de compreender a postura do outro, aquele que nem sempre sabe expressar-se ou agir como seria de desejar, mas, nada obstante, pensa e tem ideias credoras de respeito e de consideração, que devem ser levadas a sério.

Quando se assume uma atitude de dureza, destrói-se a futura floração do bem, porque nenhuma ideia é irretocável de tal maneira que não mereça reparo ou complementação, e diversas mentes que elaboram programas são mais eficazes do que apenas uma.

Ademais, essa imposição representa alta presunção decorrente da vaidade de deter-se o conhecimento total ou mesmo a verdade plena.

Quando se age dessa maneira, gera-se temor e animosidade pelo bloquear das possibilidades dos demais, igualmente portadores da faculdade de pensar, de discernir.

Uma atitude flexível contribui para o somatório das realizações dignificantes que são confiadas a todos.

Embora reconhecendo o equívoco da mulher surpreendida em adultério, o Mestre foi-lhe flexível, dando-lhe nova oportunidade, embora não concordasse com a sua conduta desrespeitosa aos estatutos morais e legais.

Entre dois ladrões no momento extremo, solicitado por um deles que se arrependera da existência de dislates, concedeu-lhe a bênção da esperança de que também alcançaria o paraíso...

Obras expressivas e honoráveis de serviço social e de edificações do bem no mundo, soçobram e desaparecem em ruínas, quando alguns dos seus membros apresentam-se detentores de inflexibilidade em suas proposituras e comportamentos diários.

A harmonia do conjunto exige que todos contribuam com a sua parte em favor do equilíbrio geral, mesmo que, ceda agora, a fim de regularizar no futuro.

Se alguém discorda, discrepa e mantém-se inflexível na sua óptica, ocorre o desastre no grupo, que se divide, dando lugar a ressentimentos e queixas, amarguras e dissabores.

Assevera antiga sabedoria oriental milenária que a floresta exuberante cresce em silêncio e discrição, mas quando tomba alguma árvore é com estrondo que o faz, como a significar que o bem, o lado edificante de tudo acontece com equilíbrio, enquanto que a queda e a destruição, sempre se dão de maneira ruidosa e chocante.

Todo grupamento humano necessita do contributo valioso da tolerância, da paciência, da compreensão.

A prepotência é geradora de desmandos e tormentos incalculáveis, que poderiam ser evitados com um pouco de fraternidade...

Sê flexível, mesmo que penses diferente, que tenhas ideias próprias felizes, e faculta aos outros também serem ouvidos e seguidos.

✶

No vendaval, a árvore que não deseja ser arrancada verga-se, para depois retomar a postura.

Se pretender manter-se erecta, sofrerá a violência que a derrubará na sucessão das horas.

O bambu é um dos mais belos exemplos de flexibilidade, pois que recurva-se, submete-se com facilidade às imposições que lhe são dirigidas, sem arrebentar-se, mantendo-se vigoroso.

Consciente das responsabilidades que te dizem respeito, não te imponhas pela rigidez. Os teus valores morais serão a tua identificação e o cartão de crédito da tua existência.

Estás convidado a servir, não a estabelecer diretrizes estritas para os outros, especialmente se te encontras servindo na Seara de Jesus, que sempre te proporciona chances novas, mesmo quando malbarataste aquelas que te foram anteriormente concedidas...

Fácil é ser inflexível para com o próximo, e difícil submeter-se a situação equivalente, quando se altera a circunstância e mudam-se os padrões apresentados...

Dialoga, ouve e abre-te a novos conceitos e proposituras, de forma que adquiras a faculdade da gentileza, indispensável ao êxito de todo e qualquer empreendimento humano.

No dia a dia da existência sempre ocorrem fenômenos inesperados que alteram a programação mais bem estabelecida, que exige mudanças de rumo, formulações novas e necessárias.

O imprevisto é uma forma de intervenção das Leis Soberanas, que ensejam diferente opção para o comportamento saudável.

Não sejas, desse modo, aquele que cria embaraços, embora as abençoadas intenções de que te encontras revestido.

Todos são úteis numa equipe e importantes no conjunto de qualquer realização.

Sê, portanto, dócil e acessível, porque sempre há alguém mais adiante, portador de aspereza que suplantará a tua com certeza.

Nunca sentirás prejuízo por ceder em favor do bem comum, da ordem geral, abrindo espaço para outras experiências e atitudes.

✶

A flexibilidade é dileta filha do amor que se expande e enriquece a vida com esperança e paz.

Todos aqueles que se fizeram temerários e se impuseram, não fugiram de si mesmos, do envelhecimento, das enfermidades, da desencarnação.

Pacientemente e com flexibilidade Jesus espera por ti e te inspira sem descanso.

Medita e age conforme gostarias que assim procedessem em relação a ti.

7
Florescer

As flores são a gratidão do solo em manifestação de beleza ao Criador.

Medram nos mais inesperados recantos onde se apresente a mínima condição de surgimento.

Débeis, na sua constituição, são fortes na enfibratura, como dádiva da estesia entoando o canto de amor e gratulação pelo que representam em bênção que adorna a Natureza.

O deserto que arde sob a inclemência do Sol e das sucessivas tempestades de areia durante o dia e enregela-se na travessia da noite, osculado pela brisa úmida e a chuva breve, arrebenta-se em flores e reverdece.

Também a criatura humana, por mais áspera e atormentada, sob a ardência das paixões inferiores ou a frieza dos sentimentos adormecidos ou anestesiados pelo sofrimento ou pela revolta, guarda no âmago as sementes da beleza e do amor, esperando que os fatores propiciatórios surjam, a fim de reverdecer, enriquecer-se de luz e beleza, enflorescendo-se...

A vida estua em toda parte, em germe ou em desenvolvimento, delicada ou exuberante e procura expressar-se nos tons sublimes da solidariedade e do bem.

Nada nem ninguém consegue extirpá-la ou deixar de senti-la.

Quando menos espera, pródromos de alegrias e de bênçãos ressumam dos refolhos e exteriorizam-se em hinos de harmonia.

Florescer é o destino de tudo e de todos.

O enflorescer, às vezes, atrasa, aguardando os fatores próprios para o seu surgimento.

O jardineiro ideal sabe que a beleza da área que lhe é destinada depende de condições essenciais para que seja alcançado o objetivo da semeadura: o solo, a semente, as condições mesológicas...

O ser humano é o solo que, devidamente cuidado, responde com excelência a qualquer ensementação.

Ao abandono, abriga ervas más e torna-se refúgio de pragas. Cuidado, porém, transforma-se em formoso jardim, pomar luxuriante, recanto de repouso e de refazimento de energias.

A semente é o Bem – herança divina que se encontra em todos os seres vivos – que tendo oportunidade manifesta-se, vigoroso e enriquecedor.

As condições ambientais são a contribuição da vida que o cuidador utiliza para selecionar quais aquelas que mais seguramente medram durante a sua quadra.

Nunca se deve deixar de semear o bem onde quer que se esteja.

Mesmo que as condições, aparentemente, sejam contrárias, no decorrer do tempo ocorrerão mudanças, que facultam o seu surgimento em forma de delicada e frágil plântula que adquirirá o vigor com o passar das horas...

*

És semente divina resguardada na argamassa celular, que espera o benefício das condições gentis para a germinação.

Se ainda não conseguiste identificar o tipo de que te constituis, reflexiona e aprofunda observações.

Reflexionar é curvar-se, olhar para dentro, aprofundar análises dos pensamentos que te ocorrem.

Nesse sentido, como auxiliar poderoso, dispões da meditação reflexiva, que te permitirá discorrer mentalmente sobre a própria realidade, sobre as possibilidades de trabalho e realizações.

Se disciplinas a mente na arte da concentração, conseguirás *curvar* o psiquismo em direção às suas nascentes e libertar o *pólen* abençoado do Pai que o depositou no recesso do ser que és.

Não te permitas postergar por longo tempo a reflexão, a fim de que não corras o perigo de tomar decisões, de assumir ações sem o entendimento nem o significado ao teu alcance.

A existência humana é feita de nonadas, de questões aparentemente sem significação que constituem, porém, os alicerces para as elevadas realizações, os desafiadores empreendimentos que promovem a sociedade.

Todo treinamento inicia-se no menor volume e tentame, a fim de alcançar a vastidão, a dimensão que se pretende, porém, a preço de esforço contínuo e vontade firme.

Nunca te suponhas um deserto de emoções nem um abismo sem fundo... Entretanto, se por acaso, despertares em algum momento numa ou noutra situação emocional, recorda que a chuva leve reverdece o areal e põe delicadas plantas nas frinchas da rocha ou nas suas negras escarpas desafiadoras, que um dia desabrocham em flores.

O teu destino de semente é a fatalidade do enflorear.

Jamais te consideres impossibilitado de alcançar as cumeadas, pela razão de te encontrares nas baixadas. Todo acesso às alturas exige experiência adquirida nos caminhos dos vales, onde mais abundantes são as flores.

As flores são a gentileza da Vida adornando as paisagens, que perfumam os prados, os vales, as alturas...

Para dignificar essas sementes gloriosas, Jesus utilizou-se de uma delas e apresentou-a com elevado significado na parábola que se reporta à *de mostarda, que um homem semeou em seu campo...*

Também podes ser *semente* de luz que se apresentará em claridade formosa onde quer que estejas.

✶

Quando em ti desabrocharem as flores do bem, o perfume caricioso que exalarás atrairá ao teu seio várias expressões de vida que se alimentarão do teu néctar.

Esparze hoje a esperança, reflexiona nos objetivos essenciais da vida e floresce, viajante da elevação espiritual, resgata e cresce, mesmo que entre os espículos existenciais as tuas flores sejam como as dos cactos que as defendem da agressão exterior com os seus pontiagudos cardos.

8
A Psicologia da oração

Convencionou-se, ao longo do tempo, que a oração é um recurso emocional e psíquico para rogar e receber benefícios da Divindade, transformando-a em instrumento de ambição pessoal, realmente distante do seu alto significado psicológico.

A oração é um precioso recurso que faculta a aquisição da autoconsciência, da reflexão, do exame dos valores emocionais e espirituais que dizem respeito à criatura humana.

Torna-se delicado campo de vibrações especiais, faculta a sintonia com as *forças vivas* do Universo, constitui-se veículo de excelente qualidade para a vinculação da criatura com o Seu Criador.

Todos os seres transitam vibratoriamente em faixas especiais que correspondem ao seu nível evolutivo, ao estágio intelecto-moral, às aspirações e atos, nos quais se alimentam e constroem a existência.

A oração é o mecanismo sublime que permite a mudança de onda para campos mais sensíveis e elevados do Cosmo.

Orar é ascender na escala vibratória da sinfonia cósmica.

Em face desse mecanismo, torna-se indispensável que se compreenda o significado da prece, sua finalidade e a maneira mais eficaz, através da qual se pode alcançar o objetivo desejado.

Inicialmente, orar é abrir-se ao amor, ampliar o círculo de pensamentos e de emoções, liberar-se dos habituais e viciosos, a fim de criar-se novos campos de harmonia interior, de forma que todo o ser beneficie-se das energias hauridas durante o momento especial.

A melhor maneira de alcançar-se esse parâmetro é racionalmente louvar-se a Divindade, considerar-se a grandeza da Criação, permitir-se vibrar no seu conjunto, como Seu filho, assimilar as incomparáveis concessões que constituem a existência.

Considerar-se membro da família universal, tendo em vista a magnanimidade do Pai e Sua inefável Misericórdia, enseja àquele que ora o bem-estar que propicia a captação das energias saudáveis da Vida.

Logo depois, ampliar o campo do raciocínio em torno dos próprios limites e necessidades imensas, predispor-se a aceitar todas as ocorrências que dizem respeito ao seu processo evolutivo, mas rogar compaixão e ajuda, a fim de errar menos, acertar mais e de maneira edificante o passo com o Bem.

Nesse clima emocional, evitar a queixa doentia, a morbidez dos conflitos e exterioridades ante a magnitude das bênçãos que são hauridas, apresentar-se desnudado das aparências e circunlóquios da personalidade convencional.

Não é necessário relacionar-se sofrimentos, nem explicitar anseios da mente e do coração, porque o Senhor conhece todos os Seus filhos, que são autores dos próprios destinos e ocorrências, mediante o comportamento mantido nas multifárias experiências da evolução.

Por fim, iluminado pelo conhecimento da própria pequenez ante a grandeza do Amor, externar o sentimento de gratidão, a submissão jubilosa às leis que mantêm o arquipélago de astros e a infinitude de vidas.

✶

Tudo ora no Cosmo, desde a sinfonia intérmina dos astros em sua órbita, que mantém a harmonia das galáxias, quanto os seres infinitesimais no mecanismo automático de reprodução, fazendo parte do conjunto e da ordem estabelecidos.

Em toda parte vibra a vida nos aspectos mais complexos, assim como mais simples, variados e uniformes.

Sem qualquer esforço da consciência circula o sangue por mais de 150 mil quilômetros de veias, vasos, artérias, em ritmo próprio para a manutenção do organismo humano, tanto quanto de todos os animais...

Funções outras mantidas pelo sistema nervoso autônomo, obedecem a equilibrado ritmo que as preserva em atividade harmônica.

As estações do tempo alternam-se e facultam as variadas manifestações dos organismos vivos, dentro de delicadas ondas de luz e de calor que lhes propiciam a existência, a manifestação, o desabrochar, o adormecimento, a espera...

O ser humano, enriquecido pela faculdade de pensar e dotado do livre-arbítrio, que lhe proporciona escolher, atado às heranças do primarismo da escala animal ancestral pela qual transitou, experiencia mais as sensações do imediato do que as emoções da beleza, da harmonia, da paz, da saúde integral.

Reconhece o valor incalculável do equilíbrio, no entanto, estigmatizado pela herança do prazer hedonista, entrega-se-lhe à exorbitância até a exaustão, ou permite-se sucumbir pela revolta nos transtornos de conduta como forma de imposição grotesca...

Ao descobrir a oração, logo se permite exaltar falsas ou reais necessidades, deseja respostas imediatas, soluções mágicas, para atendê-las, distantes do esforço pessoal de crescimento e de reabilitação.

É claro que não alcança as metas propostas, aquele que assim procede, pois que elas ainda não o podem apresentar-se, por nele faltarem os requisitos básicos para o estabelecimento da harmonia interior.

A oração é campo onde se expande a consciência e o Espírito eleva-se aos páramos da Luz imarcescível do Amor inefável.

Quem ora, ilumina-se de dentro para fora, torna-se uma onda de superior vibração em perfeita consonância com a ordem universal.

O egoísmo, os sentimentos perversos, não encontram lugar na partitura da oração.

Torna-se necessário desfazer-se desses acordes perturbadores, para que haja sincronização do pensamento com as dúlcidas notas da Musicalidade Divina.

A psicologia da oração é o vasto campo dos sentimentos que se engrandecem ao compasso das aspirações dignificadoras que dão sentido e significado à existência na Terra.

Inutilmente, gritará a alma em desespero, rogando soluções para os problemas que lhe competem equacionar, mesmo que atraia os Numes tutelares sempre compadecidos da pequenez humana.

Desde que não ocorre sintonia entre o orante e a Fonte exuberante de vida, as respostas, mesmo quando oferecidas, não são captadas pelo transtorno da mente exacerbada.

✶

Quando desejares orar, acalma *o coração e suas nascentes*, assume uma atitude de humildade e de aceitação, a fim de que possas falar Àquele que é o Pai de Misericórdia, que sempre providencia todos os recursos necessários à aquisição humana da sua plenitude.

Convidado a ensinar aos Seus discípulos a melhor maneira de expressar a oração, Jesus foi taxativo e gentil, propondo a exaltação ao Pai em primeiro lugar, logo após as rogativas e a gratidão, dizendo:

– Pai Nosso, que estais nos Céus...

Entrega-te, pois, a Deus, e nada te faltará, pelo menos, tudo aquilo que seja importante à conquista da harmonia mediante a aquisição da saúde integral.

9
COMPAIXÃO E COMPREENSÃO

Ao tomar conhecimento dos sofrimentos humanos, o príncipe Sidarta Gautama, ora iluminado, estabeleceu a compaixão como o caminho seguro para a superação de todas as dores.

Indispensável, segundo ele, conhecer as causas do padecimento a fim de, racionalmente , encontrar-se os recursos hábeis para a sua superação.

Através das *Quatro Nobres Verdades*, que são as regras de identificação e de administração das aflições com os seguros caminhos para o equilíbrio, o indivíduo pode libertar-se dos sofrimentos.

Ao adentrar-se em regras mais austeras, reconhece que todas as criaturas sencientes devem ser amadas como se fossem a própria genitora. E mesmo quando esta não correspondeu aos deveres que a maternidade impõe, a compaixão deverá nortear o rumo do sentimento, tendo em vista que ela poderia haver-lhe impedido o nascimento, e, nada obstante, não o fez.

Tendo-se em vista a época de primitivismo ético na qual viveu, a sua proposta de compaixão e de misericórdia é portadora de alto significado psicológico e espiritual, em face do impositivo da reencarnação.

Ao ampliar o elenco dos conceitos em torno dos renascimentos, o *Buda* dedicou a sua existência a ensinar e a viver de maneira consentânea com as estruturas das Leis de *Causa e Efeito*, de modo a facultar o estado nirvânico. Para tal logro, é exigido que o sofrimento desapareça pela superação do desejo e da consciência individual.

Nada obstante a excelência dos postulados estabelecidos pelo insigne mestre indiano, Jesus demonstrou que a finalidade precípua da existência na Terra é a descoberta do amor e seu desenvolvimento, experienciando-o em todos os momentos, dando início ao desiderato mediante o cultivo mental, verbal e vivencial desse superior sentimento, responsável por todo um elenco de expressões dignificadoras, como a ternura, a abnegação, o sacrifício, o holocausto, a doação total...

Na proposta de Jesus, o sentimento de Amor apresenta as mais seguras diretrizes para a harmonia interior e para a sociedade, consolidando o ensinamento em outra forma na proposta de *não se fazer a outrem o que não se deseja que o outro lhe faça*.

Esse comportamento é a consagração do sentimento afetivo, porque proporciona a compreensão dos direitos alheios e o respeito que nos merecem todos os seres, mesmo aqueles que agem incorretamente em relação ao seu próximo, às leis injustas que devem ser corrigidas sem agressão, para não se incidir no mesmo gravame, ao tempo em que amplia o seu conteúdo na aquisição da paz interior, como efeito da consciência reta e do caráter sadio.

Sem a verdadeira compreensão das dificuldades que caracterizam a existência humana, os seus desafios e empecilhos, a aplicação da compaixão torna-se mais difícil de ser vivenciada por exigir a superação do raciocínio e da lógica do comportamento.

✶

Ante o processo dos relacionamentos humanos e a própria conquista dos valores que proporcionam harmonia, faz-se urgente o trabalho do autoconhecimento, a fim de avaliar-se as dificuldades naturais para ser alcançada a vitória sobre as más inclinações, que procedem das existências transatas.

Quanto mais o indivíduo compreende as próprias mazelas, mantém-se vigilante e, ao mesmo tempo, dando-se o direito de as possuir, sem, porém, as manter, melhor e mais eficiente apresenta-se a tolerância em relação aos desatinos dos outros.

Ao dar-se conta de quanto lhe tem sido difícil suprimir o mal que reside no íntimo, o Espírito respeita a posição em que se demoram as demais criaturas, não lhes exige além daquilo que a si próprio concede.

A consciência desperta adverte-o que é necessário ensejar-se renovação, desculpar-se pelo estágio em que ainda transita, esforçar-se por ser melhor, favorecer-se com a compreensão de que o outro, o seu próximo, igualmente carece das mesmas concessões.

Mediante essa atitude generosa, a compaixão, filha dileta do amor que compreende, exterioriza-se-lhe, envolve até mesmo o agressor, que é alguém que se debate em conflitos, que se encontra enfermo, oferece-lhe simpatia e auxilia-o na libertação do drama no qual estorcega.

Essa compreensão demonstra que todo agressor é um ser infeliz, que traz à consciência os conflitos infantis, os *ar-*

quétipos-sombra generalizados, as heranças não resolvidas, geradas pelos demônios emocionais das existências anteriores.

Assim sendo, o inimigo é mais digno de compaixão do que de agressão e revide, mas essa visão somente é alcançada quando o amor se expande e se expressa.

A trajetória terrestre é roteiro de contínua aprendizagem, de conquistas infinitas que capacitam o discernimento na compreensão de todos os acontecimentos e da amplitude de crescimento moral, emocional e intelectual ao alcance de todos quantos se propõem aos enfrentamentos iluminativos.

O Espírito sempre viaja da sombra da ignorância para a luz do conhecimento, da síntese para a complexidade, do germe para a plenitude.

Todo o empenho deve ser aplicado, a fim de aprender sem cessar, evitar os desvios de conduta, mesmo quando as sereias do prazer convocam-no para o reinado da ilusão e da vacuidade...

Não se trata, em consequência, de uma caminhada de abstenções ou de castrações, mas plena de realizações edificantes e libertadores.

É a opção pelo melhor de mais tarde, apesar do vultoso investimento no presente.

Toda colheita é sempre a resposta do trabalho de ensementação, que corresponde à qualidade do que foi plantado.

Por isso, o progresso multiplica-se por si mesmo, surpreende, quando uma conquista que parece encerrar uma busca abre incontáveis possibilidades para novas aquisições.

Não sendo possível o esforço de compreensão do sentido e do significado da existência, a compaixão converte-se num ato de piedade fraternal sem profundidade, sem o sentido de libertação do outro, daquele que jaz no sofrimento.

*

A proposta do amor propele o ser humano na direção do seu próximo, das lutas naturais no mundo em que se encontra, evita afastar-se das problemáticas existenciais para a busca de um repouso que ainda não tem o direito de desfrutar, desenvolve os valores da inteligência na conquista do pão, da construção do lar, da edificação da sociedade, do progresso de todos os seres...

Em vez de o distanciar das demais criaturas que necessitam de apoio e de ajuda, requerendo encorajamento e segurança emocional para prosseguir nos embates, torna o fardo do próximo parte das suas necessidades éticas e morais, envolve-se fraternalmente nas suas experiências, a fim de facultar-lhe a real libertação da ignorância e da escravidão dos sentidos.

Compreender para amar, amar para deixar-se arrastar pela compaixão, eis os caminhos eficazes para a consolidação da paz no mundo interior e na Terra.

10
Síndrome do pânico

Entre os transtornos de comportamento que tomam conta da sociedade hodierna, com enormes prejuízos para a saúde do indivíduo e da comunidade, a síndrome do pânico apresenta-se, cada vez, mais generalizada.

Vários fatores endógenos e exógenos contribuem para esse distúrbio que afeta grande e crescente número de vítimas, especialmente a partir dos vinte anos de idade, embora possa ocorrer em qualquer período da existência humana.

A descarga de adrenalina, que avança pela corrente sanguínea até o cérebro no ser humano, produz-lhe o surto que pode ser de breve ou de larga duração.

Trata-se de um problema sério que merece tratamento especializado, tanto na área da Psicologia quanto da Psiquiatria, mediante os recursos psicoterapêuticos a serem aplicados, assim como os medicamentos específicos usados para a regularização da serotonina e de outros neurocomunicadores.

No momento em que ocorre, o sofrimento do paciente pode alcançar níveis quase insuportáveis de ansiedade, de desespero e de terror. Nada obstante, o fenômeno, invariavelmente, é de breve duração, com as exceções compreensíveis.

Podem acontecer poucas vezes, o que não constitui um problema de saúde, mas, normalmente, é recorrente, portanto, necessitado de tratamento.

Graças aos avanços da Ciência médica, nas áreas das doutrinas psicológicas, o mal pode ser debelado com assistência cuidadosa e tranquila.

No entanto, casos existem que não cedem ante o tratamento específico, ao qual o paciente é submetido, dando lugar a preocupações mais sérias.

Sucede que, em todo problema na área da saúde ou do comportamento humano, o enfermo é sempre o Espírito que se encontra em processo de recuperação do seu passado delituoso, experienciando as consequências das ações infelizes que se permitiu praticar antes do berço atual.

Quando renasce com a culpa insculpida nos tecidos sutis do ser, temores e inquietações, aparentemente injustificáveis, surgem de inopino, e expressam-se como leves crises do pânico.

Em consequência, por haver gerado animosidade e ressentimento, as suas vítimas, que o não desculparam pelas atitudes perversas que lhe padeceram, retornam pelo impositivo das afinidades psíquicas e morais, dando lugar ao estabelecimento de conúbios de vingança por intermédio das obsessões.

O número de pessoas em sofrimento sob os acúleos das obsessões produzidas por desencarnados é muito maior do que parece.

É natural, portanto, que, nesses casos, a terapêutica aplicada mais eficaz não resulte nos propósitos desejados, tais sejam, a cura, o bem-estar do paciente...

Torna-se urgente o estudo mais cuidadoso da fenomenologia mediúnica, das interferências dos Espíritos nas existências humanas, a fim de serem melhor compreendidos os distúrbios psicopatológicos, a fim de expressar-se em existências saudáveis e comportamentos equilibrados.

✶

Anteriormente confundido com a depressão, o distúrbio do pânico foi estudado mais detidamente e, após serem analisadas todas as síndromes, foi reclassificado, a partir de 1970, como sendo um transtorno específico, recebendo orientação psicoterapêutica de segurança.

Pode acontecer que, num surto do distúrbio do pânico, de natureza fisiológica, os inimigos espirituais do paciente aproveitem-se do desequilíbrio emocional do seu adversário e invistam agressivamente, acoplem-se-lhe no perispírito e produzam, simultaneamente, a indução obsessiva.

Trata-se, portanto, de uma problemática mais severa porque são dois distúrbios simultâneos, que exigem mais acurada atenção.

Nesse sentido, a psicoterapia espírita oferece recursos valiosos para a recuperação da saúde do enfermo.

Concomitante ao tratamento especializado na área da Medicina, as contribuições espíritas de natureza fluídica, mediante os passes, a água magnetizada ou fluidificada, as leituras edificantes e a meditação, a prece ungida de amor e de humildade, os socorros desobsessivos em reuniões especializadas, sem a presença do paciente, oferecem os benefícios de que necessita.

Em face do débito moral ante as Leis da Vida, é indispensável que o padecente recupere-se espiritualmente, por meio da vontade para alterar a conduta para melhor, envide esforços para sensibilizar a sua vítima antiga, e afaste-a através da paciência, da compaixão e da solidariedade.

O distúrbio do pânico é transtorno cruel, porque durante o surto pode induzir o paciente ao suicídio, conforme sucede com relativa frequência, em razão do desespero que toma conta da emoção do mesmo.

O hábito da oração e o recurso das ações em favor do próximo em sofrimento constituem uma admirável medicação preventiva às investidas dos Espíritos inferiores, equilibram as neurotransmissões e facultam a manutenção da harmonia possível.

A reencarnação é, graças a isso, o abençoado caminho educativo para o Espírito que, em cada etapa, desenvolve os tesouros sublimes da inteligência e da emoção, da beleza e do progresso, avançando com segurança na conquista da plenitude que a todos está reservada.

As enfermidades, especialmente as de caráter emocional e psiquiátrico constituem, assim como outras orgânicas de variadas expressões, desde as degenerescências genéticas até as de caráter infeccioso, métodos educativos e reeducativos para o discípulo da Verdade.

A cada erro cometido tem lugar uma nova experiência corretiva, de forma que a consciência individual, harmonizada, possa sintonizar com a Consciência Cósmica, numa sinfonia de incomparável beleza.

Somente, portanto, existem as doenças porque permanecem enfermos em si mesmos os Espíritos devedores.

✶

Seja qual for a situação em que te encontres na Terra, abençoa a existência, conforme se te apresente.

Se dispões de saúde e desfrutas de bem-estar, multiplica os dons da bondade e serve, esparze alegria, sem o desperdício do tempo em frivolidades e comprometimentos perturbadores.

Se te encontras enjaulado em qualquer forma de sofrimento, bendize o cárcere que te impede piorar a situação evolutiva e evita que novamente derrapes nos desaires e alucinações.

O corpo é uma dádiva superior que Deus concede a todos os infratores, a fim de que logrem a superação da argamassa celular para cantar as glórias imarcescíveis do Amor completamente livre.

11
Peregrino do Senhor

Convidado a amar, saíste em peregrinação pelos diversos países das alma humanas, cantando as melodias da imortalidade e do Bem.

Desequipado de recursos especiais, utilizaste do sentimento nobre e, com sinceridade entoaste as canções da amizade e da gentileza que se encontravam adormecidas nos arcanos do ser que és.

Sem ideia profunda de todo o significado da tarefa a que te impuseste, passaste a sorrir pelos caminhos humanos, espalhando a esperança e a alegria como sinal de identificação da mensagem que conduzias no recesso íntimo.

Desconhecendo as tortuosidades dos caminhos, enveredaste por desvios e paisagens impérvias, sofrendo a agressividade do roteiro, porém, murmurando a dúlcida musicalidade que te embalava as emoções.

Esperando que as pessoas estivessem dispostas a escutar-te as sonatas de ternura, foste açoitado pela perversidade dos maus, maltratado pela inveja dos enfermos morais, perseguido pelos malfeitores de todo jaez, e continuaste a modular a doce canção.

Ao perceber que no mundo havia mais sombra do que luz moral nos redutos humanos, acendeste o lume da bondade e procuraste deixar claridade por onde passaste, enquanto cantavas as *bem-aventuranças* do Senhor.

Sucederam-se os tempos e prosseguiste como peregrino sem descanso e trovador sem afonia a demonstrar a beleza e a elegia que existem no dom sublime de amar.

Tomado de emoções sempre renovadas e de esperanças repetidas, volveste aos sítios que antes não te aceitaram e propuseste a tua musicalidade, que embora não aplaudida alcançou alguns outros sentimentos em angústia, que anelavam pela claridade do conhecimento e pela manifestação do júbilo.

Muitos que te ouviram, lançaram-te objurgações deprimentes, utilizaram-se de epítetos depreciativos em torno da tua peregrinação, acusaram-te de charlatão e mistificador, porém, consciente da sinfonia do Eterno Bem, não desanimaste e deste continuidade à tua apresentação nos mais diferentes lugares que te atraíram no oceano da humanidade, ou que te convidaram para que apresentasses a tua melodia...

...E falaste Dele, o Senhor dos Céus e da Terra, das galáxias e das micropartículas, dos dias festivos e das noites de tormentas, das horas calmas e doces, assim como dos momentos de aflição e ansiedade, das esperanças e das consolações, e informaste que Ele mandou o Seu Filho, a fim de que o mundo de sofrimentos transformasse-se em uma orquestra portadora de peças de harmoniosa vibração, para todos sensibilizar.

...E Jesus cantou o Evangelho libertador, utilizou-se de *um grão de mostarda e das moradas da Casa do Pai, da figueira sem frutos e das redes de pescar, do filho pródigo e do bom samaritano, das dracmas e das ovelhas, do servo infiel e do trabalhador da última hora, das virgens loucas e das virgens prudentes, da vigilância e da oração, do que é de César e do que é de Deus, de peixes e de pães*, e compôs a mais bela e exuberante sinfonia que o mundo passou a conhecer, sem que haja silenciado as últimas notas que pairam nas vibrações da partitura terrestre.

✶

Porém, não se deteve nesses notáveis momentos, o Cantor a Quem te referes.

Ele penetrou o âmago do sofrimento humano com as notas musicais da compaixão e da misericórdia, colocou luz nos olhos apagados, proporcionou sons aos ouvidos moucos, ensejou voz às gargantas mortas, movimentos aos membros paralisados, lucidez às mentes perturbadas, esperança aos sentimentos desiludidos, alegrias às vidas estioladas...

Sobretudo, a Sua presença acalmava as multidões e tranquilizava os atormentados dos caminhos e das sombras da morte, que retornavam em alucinações e desatinos contra os outros transeuntes das estradas humanas.

A tua cantoria informava que Ele é a Luz do mundo sombrio, a porta de acesso à harmonia, o caminho seguro para a felicidade, o Pastor Misericordioso e compassivo, o Amigo de todos aqueles que não têm companhia, o Pão de vida e de sustentação da vida, o Sol que brilha na noite das paixões...

Também apresentaste a patética da traição de que Ele foi vítima, a negação do Seu melhor amigo, o abandono de todos que lhe eram comensais do amor, daqueles que se beneficiaram com as suas mercês, da terrível solidão que Lhe proporcionou suor de sangue, da indiferença de todos que foram atendidos pela sua bondade incomum...

E nessa narrativa, apresentaste a tragédia da cruz, o que aconteceu antes em forma de escárnio dos réprobos, açoites dos covardes, cusparadas dos psicopatas em desespero, e, como se fosse um grande final, a cruz de vergonha e de solidão com Deus.

...Mas também, entoaste o hino de inefável alegria ao referir-te à Ressurreição gloriosa em um amanhecer de bênçãos, para confirmar toda a grandeza da Sua existência de Rei que não necessitava do trono frágil e inseguro da Terra, porque o tem ao lado do Altíssimo...

...E desde aquele momento em que Ele ressurgiu, o mundo nunca mais pôde ser o mesmo, porque a morte foi diluída ante a perene madrugada da imortalidade a que Ele se referiu e demonstrou ao retornar para conviver com os amigos ainda aturdidos e sofridos, arrependidos e saudosos, porque O amavam, sim, a seu modo, dentro das suas possibilidades infantis e ternas...

Prossegue a cantar, peregrino do Senhor, mesmo quando todas as vozes silenciarem, se assim acontecer, porque Ele te enviou para que te inebries de contentamento na servidão em que te encontras, para auxiliar os teus irmãos da retaguarda, que ainda não despertaram para a compreensão da Verdade e não dispõem de audição para a musicalidade espiritual do Evangelho.

Nunca deixes de cantar o bem e vive-o como se fosses uma flauta que alguém sopra, e o ar se transforma em doce melodia que embala a vida.

Jamais silencies a voz, mesmo que o cansaço dificulte a emissão do som, mantém a musicalidade no pentagrama da memória jovial e renovada pelas emoções da sinfonia.

Renasceste para peregrinar com a canção de imortalidade, que permanecerá contigo, quando tudo mais houver passado.

✶

Um dia que se pode transformar em uma noite, depois de adormecido, despertarás ouvindo os clarins do Reino de Deus, e serás recebido por Aquele que venceu a morte e o mundo por muito amar.

Assim sendo, canta Jesus e Sua doutrina, tu que a Ele te vinculas pela emoção, pela inteligência, pelo compromisso de peregrinar.

12
Água e sabedoria

O Evangelho de Jesus é um incomparável tratado literário rico de preciosas lições que se tornam, cada vez mais, úteis a todos quantos lhe tomam conhecimento.

Suas páginas fulguram em poesias de incomum beleza, exaltam a Natureza, os acontecimentos simples do dia a dia do povo, e adquirem mágicos significados que alteram a exaustiva rotina e os desencantos que vestem as criaturas na labuta contínua.

Num momento, narra os dramas esmagadores que ferem a sociedade exausta de submissão aos poderes arbitrá rios da política perversa. Noutro instante, relatam a revolta defluente da opressão com os seus impostos insaciáveis e, logo depois, as tragédias grupais, familiares, pessoais, assim como também a miséria das massas sofridas, enfermas, esquecidas e enlouquecidas pelo horror que as devora...

Todas, porém, narradas com as tintas fortes dos acontecimentos humanos em patéticas não habituais.

Noutras oportunidades, refulgem os encantamentos ante os fenômenos variados quão complexos das curas prodigiosas, da multiplicação dos pães e dos peixes, da repulsa aos fariseus infelizes, das mudanças climáticas, em aparente violação das Leis Naturais, ante a autoridade Dele...

São todas as narrativas portadoras de inigualável conteúdo ético-moral, que assinalam o respeito e a obediência aos códigos legais mesmo quando injustos, que propõem a libertação pela força do amor e da autotransformação para melhor, por serem os únicos recursos que plenificam interiormente, sem causarem dano de qualquer natureza.

Os diálogos são portadores de elevada tecedura de palavras que não dão margem a titubeios nem a dissimulações convencionais e interesseiras.

A linguagem, embora dúlcida é imperativa, sempre definidora de rumos que devem ser conquistados com esforço e destemor.

...E todas as narrações são otimistas, revelam a estesia do Reino de venturas e as paisagens iridescentes da alegria de viver e, sobretudo, de poder amar sem qualquer laivo de egoísmo.

Jamais se conheceu uma vida como a de Jesus e uma doutrina filosófica de profunda religiosidade como a que Ele ensinou por palavras e, acima de tudo, mediante os exemplos de elevada significação.

Síntese de cultura e de informações, os comentários dos evangelistas em tonalidades diferentes harmonizam-se e completam-se num calidoscópio fascinante, que nunca repete a mesma imagem.

Jesus é, sem dúvida, o mais fecundo Mestre que a humanidade conhece.

Suas palavras simples insculpem-se nos metais preciosos do conhecimento ancestral e atual como pérolas raras numa coroa de peculiar elaboração, para exaltar a grandeza da vida.

*

Dentre os diálogos inolvidáveis mais significativos, nenhum tão relevador qual aquele mantido com a filha da Samaria.

Propositalmente Ele esperou-a à borda do poço de Jacó, a abençoada fonte de linfa preciosa e indispensável.

Conhecendo-a, planejou dela fazer sua embaixadora de notícias entre os que lhe pertenciam à raça, natural inimiga daquela em que Ele nascera, a fim de demonstrar que Deus é o pai de todos os povos.

Quando ela se acercou da fonte, Ele pediu-lhe água, e ela, espantando-se, porque os judeus não falavam com os samaritanos, nem esses com aqueles, recusou-se a dar-lhe.

Ele, porém, ofereceu a que possuía, uma diferente linfa que mataria a sua sede para sempre, de maneira que evitava que voltasse ao poço para buscá-la.

Sem entender-lhe o significado, ela perguntou-lhe como poderia obter esse líquido sublime, já que diariamente era constrangida a carregar o cântaro várias vezes, a fim de suprir as suas e as necessidades da família.

Ele então desvelou-se-lhe, informando ser o Messias, falou-lhe dos conflitos que a amarguravam, dos tormentos que padecia, sugeriu-lhe que O anunciasse à sua gente.

Emocionada e quase emudecida ante a revelação, a mulher não trepidou em dizer a todos que Ele lhe havia esquadrinhado a alma e narrado quem era ela, como vivia, quais as suas experiências anteriores e os suplícios que a subjugavam...

Naquele momento, o do extraordinário encontro, tudo parece uma parábola de Vida eterna.

A água do poço mata a sede, a Dele oferecia a sabedoria para vencer as necessidades totais.

A água comum sustenta as mais variadas expressões de vida, enquanto que aquela que Ele distribuía tornava-se fonte inexaurível de Vida plena.

A água é bênção de reconforto e de paz, no entanto, Ele ofertava a que eliminava todas as inquietações da alma, que atendia os tormentos do corpo ardente de paixões.

Uma era transitória, embora a sua inegável imprescindibilidade para os seres, a outra, no entanto, era o próprio sentido da vida.

Emocionada, no diálogo inesperado e libertador, a samaritana humildemente suplicou-Lhe:

– Dá-me, então, dessa água...

E ao recebê-la não mais teve sede de amor nem de harmonia, de alegria nem de esperança de viver, sem remorsos pelo passado, nem angústias em relação ao futuro.

Anunciou-O, abriu-Lhe passagem na aldeia soberba, embora a miséria em que se apresentava, e, na voragem dos séculos ela renasceu em diferentes corpos, prosseguindo a narrativa em torno do poder da água lustral da Sua Misericórdia.

✶

O ser humano galgou os degraus do conhecimento exterior e encontra-se sobrecarregado de informações, indo e voltando ao poço de Jacó para recolher a água para o corpo transitório.

E a sede da Verdade permanece!

Basta-lhe, no entanto, acalmar-se, meditar e ouvi-lO, solicitar-Lhe com sinceridade:

– Senhor! Dá-me, então, dessa *água*, para dessedentar a alma em ardência e agonia.

13
Parábolas e símbolos

Pergunta-se, frequentemente, por qual razão falava Jesus por parábolas.

A interrogação pode ser respondida após breve e cuidadosa reflexão.

Ele desejava que a Sua Mensagem ultrapassasse o tempo em que era enunciada e o lugar em que se fazia ouvida, não poderia ficar encarcerada nas formulações verbais vigentes pela pobreza da própria linguagem.

Se assim fora, à medida que o tempo avançasse, ficaria superada em razão da maneira como fora formulada.

Utilizou-se, porém, da parábola, do conhecimento dos símbolos, a fim de dar-lhe caráter de permanência em todas as épocas.

A Semiótica, ou disciplina que estuda os símbolos, demonstra a facilidade que os mesmos representam para o entendimento de tudo quanto é transcendental ou subjetivo, de modo que se apresente fácil de identificação.

Talvez o símbolo seja o recurso mais antigo de comunicação entre os seres humanos.

Especialistas em paleontologia encontraram-nos gravados em cascas de ovos há mais de sessenta mil anos, o que confirma a sua perenidade.

Todo símbolo reveste-se de um significado, não somente num como em todos os lugares, em qualquer idioma ou dialeto, e isso facilita o entendimento da sua representação.

Demais, uma narrativa amena, em forma de parábola, facilmente é entendida, ao mesmo tempo, memorizada, e quando é narrada, embora se alterem as palavras, o símbolo nela incluído ressalta e preserva-lhe o significado.

Tendo de conviver com mentes pouco esclarecidas culturalmente, numa época de obscurantismo e de graves superstições, Ele deveria superar os limites de então e coroar as futuras conquistas do conhecimento intelectual.

Concomitantemente, o Seu objetivo era o de insculpir o ensinamento no imo das emoções, e as parábolas, por centrarem o seu significado nos símbolos, jamais seria olvidado ou adulterado.

Caberia à Psicologia do futuro penetrar nos arcanos do inconsciente humano, onde se arquivam todos os acontecimentos e se transformam em símbolos, que se fazem decompostos à medida que são liberados em catarse espontânea...

Uma figueira brava e uma *rede de pescar*, uma *pérola* e uma *semente de mostarda* em qualquer idioma e em todas as épocas preservam a sua realidade, que facilita o entendimento da narrativa na qual comparecem.

Com o desejo de apresentar o Reino dos Céus de forma inconfundível como deveria ser, totalmente desconhecido então, explicitado num símbolo adquiria fácil compreensão dos ouvintes e mais acessível assimilação emocional.

A moderna Psicologia Analítica assim como a Psicanálise penetra nos símbolos para interpretar os arquétipos, as heranças ancestrais, os mitos e contos de fadas, que se encontram arquivados nos recessos profundos do inconsciente humano.

Recorrem aos sonhos e às associações, para desvelar as imagens sombreadas e guardadas em símbolos que, interpretados, facultam trabalhar-se os conflitos, a fim de diluí-los.

Jesus foi e permanece sendo o mais qualificado Psicoterapeuta da humanidade, com extraordinária antecipação das doutrinas psicológicas, a fim de iluminá-las quando surgissem.

*

Todos os seres humanos têm no seu jornadear conflitos semelhantes aos do *filho pródigo*, que foge do lar atraído pela ilusão do prazer e ao tombar na realidade angustiante que desconhecia, retorna à segurança do pai generoso...

Como expressar em profundidade excepcional a lição do *bom samaritano*, no qual é proposto o amor ao inimigo em forma de caridade compassiva, senão conforme o fez Jesus?

A reflexão em torno das *virgens loucas*, insensatas, e das *prudentes*, que se preservaram, teoriza de forma segura, o significado da fidelidade ao dever de maneira muito especial.

O *pastor* que vai em busca da *ovelha* extraviada, assim como a *mulher* que procura a *dracma* perdida, são especiais e inesquecíveis ensinamentos sobre a valorização e a dedicação pessoal.

As extraordinárias imagens simbólicas de que Ele se utilizou para ser compreendido e dizer da Sua grandeza sem autoencômios nem revelações desnecessárias, refletem-Lhe a sabedoria:

– *Eu sou a luz do mundo...*

– *Eu sou a porta das ovelhas...*

– Eu sou o caminho, a verdade e a vida...

– Eu sou o pão da vida...

– Eu sou a videira...

– Aquele que beber da água que eu lhe der...

Nas admoestações, os Seus célebres ais ainda convidam à meditação:

– Ai de vós os ricos!...

– Ai de ti Corazim! Ai de ti Betsaida!...

– Ai do homem pelo qual vem o escândalo...

– Ai de vós escribas e fariseus...

– Ai de vós, porque sois semelhantes aos túmulos...

Não menos enriquecedores são os postulados de amor e de promessa de plenitude em favor daqueles que Lhe forem fiéis:

– O que fizerdes a um deste em meu nome...

– Eu vos apresentarei a Meu Pai...

– Eu vos mando como ovelhas mansas...

– Eu vos aliviarei...

As canções de exaltação penetram, ainda hoje, a acústica de todas as almas, que Lhe ouvem os enunciados incomparáveis:

– Um homem tinha dois devedores...

Ide convidar os estropiados, os excluídos, os infelizes...

– O Reino dos Céus é semelhante a um homem que...

– Eu estarei convosco para sempre...

*

As suaves parábolas de Jesus são o coroamento melódico da sinfonia das bem-aventuranças que a humanidade jamais olvidará.

Todos os seres humanos estão inclusos no Sermão do Monte, quando o Amor se transforma na fonte inexaurível da trajetória evolutiva dos Espíritos.

Por fim, Ele exclamou:

– *O Reino dos Céus está dentro de vós... Exultai!*

14
Autossuperação

O egoísmo é filho espúrio do atraso moral da criatura humana, responsável por incontáveis danos que dificultam a sua ascensão espiritual no rumo da sua destinação plena.

Ao mesmo tempo é genitor do orgulho que se veste de prepotência para criar embaraços a todos quantos não se lhe curvam à infantil presunção, efeito natural da imaturidade psicológica.

Não apenas contribui para os conflitos entre os indivíduos como gera sentimentos de belicosidade, e produz perturbações lamentáveis, que poderiam ser evitadas.

Ao mesmo tempo, é responsável pelo vírus do ciúme que conduz à revolta e torpedeia todas as florações da beleza e do bem, que lhe não dizem respeito, e causam contínuo mal-estar.

Instável, porque é inseguro emocionalmente, favorece a intriga nos arraiais onde predomina, amplia o quadro morboso dos relacionamentos doentios e perversos.

Quando o ser humano despertar realmente para a sua realidade de espírito imortal que é, esforçar-se-á com todo o empenho para diluir os miasmas doentios, autossuperar-se.

Quando o egoísmo domina a pessoa, embora seja portadora de bons propósitos, deixa-a sempre armada contra todos, considera os demais como inamistosos e os tem como competidores, adversários, vigias do seu comportamento, sofrendo e produzindo amarguras naqueles que lhe experimentam as tenazes do rancor...

O egoísmo individual fomenta o de natureza coletiva, abre espaço para as graves e infelizes condutas preconceituosas, por considerar tudo quanto não é resultado do seu labor como de natureza inferior. Aí proliferam as aversões a etnias, religiões, partidos políticos, filosofias, comportamentos sexuais e tantos outros, responsáveis por calamidades morais inomináveis.

Na raiz dos conflitos psicológicos sempre estão unidos, o egoísmo com a máscara que tenta disfarçá-lo e a culpa defluente da forma de viver e relacionar-se com as demais pessoas e com a vida.

O ser humano, porém, avança, inevitavelmente, do instinto para a razão, dessa para a intuição, para a angelitude, o que significa sair da ignorância, da treva do obscurantismo para a luz do conhecimento, para a conquista da sabedoria na qual se fundem o intelecto com o sentimento.

O egoísta sabe justificar-se e está sempre em cautela, equipado de argumentos que lhe escamoteiam as emoções servis, acredita-se possuidor de direitos que não concede ao seu próximo.

Esse insensível inimigo do progresso espiritual do ser humano, é contraditório e selvagem.

Ao ser identificado, porém, começa a perder o seu predomínio sobre sua vítima, começa a diluir-se mediante o esforço do bem a que todos devem aspirar e afadigar-se por consegui-lo.

*

Os antídotos para o egoísmo são o altruísmo, a aspiração pelo bom, pelo belo, pelo amor em toda a sua plenitude.

Cabe ao ser humano manter vigilância constante contra esse mal que predomina em sua natureza.

Pequenos hábitos mentais em torno da reflexão de pensamentos edificantes constituem eficazes métodos para a superação desse adversário insano, que o acompanha desde há muitos milênios e deve ser deixado à margem...

O silêncio sem revolta ante acontecimentos que aparentemente ferem o *ego*, proporciona eficiente recurso para ver do ponto de vista do outro a ocorrência agradável ou não.

O esforço por facultar ao próximo o direito de comportar-se conforme lhe apraz, mesmo quando não se lhe submete às exigências, é de salutar importância.

Considerar que tudo no mundo é transitório: o poder, a glória, a saúde, a fortuna, a beleza, assim como a doença, o degredo, a feiura, o insucesso, a escravidão, constitui segura terapia para a doença virótica que é o egoísmo.

À medida que se dilatam os sentimentos de ternura em relação aos demais, de compaixão pelos infelizes, de compreensão fraternal para com todos, as correntes férreas do egoísmo arrebentam-se e a sua vítima experimenta especial, peculiar alegria de viver e de servir.

Preenche os vazios existenciais com ricos objetivos emocionais que dão sentido à vida, fomenta estímulos contínuos para o bem-estar, para a alegria sem jaça.

Já não importam os aplausos e as veleidades antes exigidas por haverem perdido o seu significado emocional egoico. Igualmente, os comentários ácidos e as censuras injustificadas não encontram guarida nos seus sentimentos pela ausência total de presunção, passa a considerar que todos experimentam as mesmas ou parecidas circunstâncias, dissabores, realizações, tendo por importante a meta a ser alcançada e não os impedimentos que lhe surgem à frente.

Quem se detém ante obstáculos imaginários ou reais nunca atinge o objetivo da existência.

Realmente fazem-se valiosos, a amizade espontânea que recebe, o sorriso fraterno que lhe é dirigido, a palavra gentil que se lhe endereça...

A gentileza reponta na emoção e amplia sua área, sobrepõe-se à pompa de bolha de sabão da vaidade egotista e sem sentido.

Nesse maravilhoso desenvolvimento ético-moral e de transcendência emocional, a real alegria de viver predomina ao lado da legítima ação da benevolência e da caridade.

✶

Não dês trégua a esse adversário da harmonia humana.

Vigia as *nascentes do coração* e conseguirás impedir-lhe o surgimento ou a sua manutenção.

Mas se tiveres dificuldade na experiência íntima e pessoal, busca o auxílio da oração, entrega-te a Deus e por Ele deixa-te conduzir.

Francisco de Assis, o iluminado da Úmbria, compreendeu a necessidade de vencer o atavismo egoístico na sua *Oração simples* em todos os postulados e, especialmente, quando exarou em um dos delicados tópicos: *Que eu console mais do que seja consolado.*

Reconhecia o *Cantor de Deus* que é servindo e renunciando-se a si mesmo, que se pode fruir de plenitude.

Desse modo, ante o egoísmo sandeu, outra atitude não existe senão o imediato esforço pela autossuperação, que busca mais consolar do que ser consolado.

15
Desapegos

Enquanto mergulhado na argamassa celular, o Espírito submete-se ao impositivo dos fenômenos sensoriais que passam a predominar no comportamento da sua evolução.

As percepções metafísicas apresentam-se tênues, exigindo reflexão e adaptação mental constante, a fim de melhor poder-se vivenciá-las, em razão da sutileza das ondas pelas quais se expressam.

É natural, portanto, em decorrência das circunstâncias, que surjam os inevitáveis apegos procedentes do instinto de conservação a tudo quanto representa sensação.

Alguns deles servem de estímulos psicológicos para os enfrentamentos, as dificuldades existenciais e tornam-se menos afligentes, menos desagradáveis.

Outros, entretanto, transformam-se em verdadeiros cárceres privados que dificultam os necessários voos espirituais em busca da liberdade, momentaneamente diminuída...

Compromissos assumidos antes do berço diluem-se na memória ancestral e remanescem como tendências ou anseios que devem ser estimulados, em razão dos comportamentos transatos, que se tornaram os programadores da atual existência física.

Testemunhos de fidelidade anelados alteram-se, apresentam-se como sofrimentos, quando, em realidade, objetivavam conquistas valiosas para o autoaprimoramento.

Afetos e adversários que se encontravam no roteiro das realizações, ressurgem como paixões desenfreadas e lancinantes, perturbadoras, ou como inimigos inclementes que geram transtornos obsessivos lamentáveis.

O próprio processo biológico, responsável pela máquina orgânica, ao atender à inexorável lei das transformações, demonstra a fugacidade de que se constitui em razão da contínua modificação celular na sua mitose e no respectivo desaparecimento de umas ante o surgimento de outras.

Por outro lado, as experiências anteriormente vivenciadas, contribuem para a alteração das metas e dos significados, que sempre se renovam, que se expressam em formulações diversificadas.

Tudo no mundo físico é transitório e irrelevante.

Em trânsito na vestidura carnal, o Espírito dispõe, no entanto, dos períodos do sono reparador, quando, ao desprender-se parcialmente do jugo da matéria, reencontra-se com os Mentores abnegados ou os verdugos insensíveis desencarnados, de acordo com o seu nível evolutivo, o que lhe permite recordar-se da imortalidade e dos graves deveres a executar.

Demais, a contínua inspiração dos Guias espirituais contribui para que a evocação da perenidade do ser suplante as paixões aprisionadoras do ter, que fixa nas faixas menos elevadas, dando lugar aos apegos exagerados.

✶

Exercita-te no desapego.

Títulos enobrecedores e nobiliárquicos, posições de destaque invejáveis, beleza e harmonia somática não são de caráter permanente na estrutura do ser imortal.

Possuem, certamente, valor e significado relativo, que proporcionam recursos para as finalidades existenciais, quando utilizados dentro dos padrões éticos, que favorecem o progresso e desenvolvem possibilidades para a dignificação humana.

Podem facultar o crescimento moral e espiritual das demais criaturas, se colocados a serviço da educação, do trabalho, das conquistas culturais, intelectuais, e, portanto, espirituais.

Utilizados com sabedoria, auxiliam a construção da dignidade dos demais seres, fomentam o respeito e trabalham pela fraternidade, produzem leis de justiça e de ordem.

A falsa ideia de que são indispensáveis à vida constitui, infelizmente, ledo engano dos seus apaniguados, que a vaidade humana fixa nos painéis da mente para futuras perdas e consequentes aflições...

Tesouros amoedados, fortunas em joias preciosas, em títulos e ações nas Bolsas importantes, são facultados ao ser para que os transformem em bênçãos, antes que, para serem amontoados e deem destaques aos seus possuidores nas revistas que elogiam os poderosos e os fazem invejados, mas nunca felizes ou tranquilos.

A afetividade, que se apresenta como fator fundamental, deve ser repensada, porque o outro, aquele a quem se apega, segue adiante, possui, também, o seu devir e nem sempre poderá permanecer retido nos laços mais nobres ou mais poderosos como se apresentem.

O desapego deve constituir-se proposta essencial para a conquista da harmonia interior.

Tudo que se tem, muda de proprietário, mas o que se constrói intimamente, o que se realiza, esses valores seguem com aquele que os amealhou.

Poder e glória são devaneios da presunção que facilmente perdem o seu atribuído significado ante os impositivos da vida, da inevitabilidade da morte.

O ser humano é imortal em sua realidade, transita em roupagem de fraca proteção, porquanto, embora sendo resistente a muitos incidentes, infecciona-se com uma ponta de qualquer instrumento insignificante quando contaminado por microrganismos nefastos...

Exercita-te em possuir sem deixar-te asfixiar pela posse possuidora.

Aprende a ser livre de coisas e das aparências, desvela os tesouros morais, as conquistas intelectuais aplicados na multiplicação do Bem.

Mesmo aqueles a quem amas, podem ficar contigo somente até a borda da sepultura.

A partir dali, cada qual segue o seu rumo.

Desse modo, não sofras porque tens ou porque te faltem.

Contenta-te em ser o mesmo sempre, jovial e alegre, numa ou noutra situação.

✶

Francisco de Assis, imitando Jesus, preconizou:

– Se não és capaz de amar, pelo menos, não prejudiques a ninguém.

Se não és capaz de desapegar-te, pelo menos treina cooperação com os demais e reparte tudo quanto te exorna a existência.

Desapego é vida. Tenta-o!

16
Tragédia do cotidiano

Toda vez quando a sociedade terrestre é sacudida por acontecimentos funestos coletivos, as cargas das emoções das criaturas em desconserto causam pânico e desespero.

É compreensível que o acontecimento trágico perturbe a razão e descontrole o sentimento, em face da surpresa e dos danos causados.

Pertencem, no entanto, às Divinas Leis as fatalidades trágicas, especialmente aquelas que defluem das ocorrências tempestuosas e contínuas mudanças nas forças telúricas da Natureza.

Quando, no entanto, se conjugam fatores humanos de negligência e de irresponsabilidade, a que os indivíduos estão submetidos, às vezes, quase sem dar-se conta, os infaustos acontecimentos adicionam a revolta e o ressentimento, dando lugar a um caldo de agressividade que, em nome da justiça, reivindica o desejo do desforço, da vingança.

A mídia insaciável, na ânsia de informar, nem sempre corretamente e com imparcialidade, não poucas vezes, explora a tragédia e açula os ânimos em desalinho, aumentando o volume das angústias, e aprofunda as feridas psicológicas abertas na alma das vítimas que permaneceram na luta da saudade e do quase infortúnio...

Algumas autoridades negligentes apressam-se a dar explicações insatisfatórias, tentam diminuir a sua responsabilidade, enquanto formulam propostas de mudanças de comportamento e de mais severo observância no cumprimento das leis desrespeitadas, até o passar do tempo com a consequente diminuição das aflições, quando retornam aos anteriores lamentáveis estados de indiferença e de desconsideração pelos cidadãos.

Infelizmente, os prejuízos de toda ordem que decorrem desses eventos infelizes são irrecuperáveis: as vidas arrebatadas pela desencarnação tormentosa, as famílias profundamente afligidas, os graves traumas psicológicos, a insegurança emocional e o descrédito moral...

Numa sociedade justa, na qual se preservam e se respeitam os direitos humanos, embora ocorram calamidades perversas, o seu é um número reduzido e as providências são tomadas de imediato, buscando-se evitar outras de igual porte.

A conquista da autoconsciência é um grande desafio para o ser humano que, ao lográ-la, muda totalmente de conduta em relação a si mesmo, assim como ao grupo social em que se movimenta, contribuindo saudavelmente para o bem de todos.

Enquanto vigerem o individualismo, os interesses mesquinhos e o predomínio das paixões do poder, em detrimento dos deveres que devem significar conquista de equilíbrio moral e espiritual, muitas tragédias que desconsertam a sociedade terrestre continuarão a semear horror nas multidões e a desafiar os governos que, são os indivíduos imaturos e inconsequentes vinculados a interesses partidários, sem o pudor nem a responsabilidade que os deveriam caracterizar.

✶

De imediato, após as trágicas ocorrências, pessoas inadvertidas apressam-se em oferecer explicações, nem sempre pautadas na reflexão, no estudo do fato, no conhecimento das soberanas Leis da Vida, acusando a Divindade, quando destituídas de sentimento religioso, ou, segundo a confissão abraçada, explicando as causas anteriores que geraram o flagelo coletivo.

Certamente, tudo que ocorre encontra-se enquadrado nos Códigos Superiores que regem o Universo. Nada obstante, quase sempre é precipitação querer-se a tudo equacionar e justificar mediante conceitos mágicos, que abarcam todas as situações, repassando informações nem sempre legítimas.

Ao ser humano é muito difícil penetrar no Pensamento Divino para compreender tudo quando ocorre em sua volta. A dimensão do seu conhecimento e a sua capacidade intelectual são muito reduzidas ante a grandeza da Criação, para entender tudo e a tudo esclarecer com presunção, aplicando os parcos saberes que o caracterizam.

Surgem, então, as explicações absurdas, com caráter punitivo, atribuindo à Divindade a vingança disfarçada, como sendo irreparáveis os erros e equívocos praticados, distante do amor e da compaixão que são transcendentes e quase inalcançáveis para a cognição comum.

Esses terríveis fenômenos têm por meta unir mais as criaturas, que passam a reconhecer os próprios limites e fragilidade, graças ao que desenvolvem os sentimentos da compaixão, da solidariedade, da caridade.

Não basta lamentar e chorar a desencarnação dos que foram atingidos pela tragédia, pois que retornaram ao Grande Lar, que a todos aguarda, na condição de vítimas em redenção, sendo necessário confortar os familiares e amigos que permaneceram na retaguarda, compreender a transitoriedade da existência corporal ante a perenidade do ser que a morte não consegue destruir.

Toda convulsão destruidora porta uma finalidade sociológica, assim como psicológica, humanista e espiritual.

Educar-se o ser humano para o entendimento da brevidade do corpo é tarefa que não deve ser postergada, ao mesmo tempo aproveitar-se do ensejo especial para desenvolver o Cristo interno e todos os valores que lhe dormem em germe.

Cada experiência no processo existencial constitui aquisição de um tesouro que se transformará em sabedoria para os enfrentamentos mais significativos que estarão por vir.

Esse processo avança sem detença futuro afora, faculta mais amplo campo de observações e de conquistas, que irão produzir a autoiluminação, graças ao sentido psicológico aplicado em cada passo da jornada.

É, portanto, inevitável que desastres naturais e da imprevidência humana periodicamente ocorram, convidando sempre o pensamento e a emoção aos cuidados e desvelos pela conquista da plenitude.

O ser humano ainda se encontra numa fase relativamente primária da evolução, não tendo conseguido desenvolver os conteúdos Divinos que nele jazem como herança do Pai Criador.

Enquanto o amor é a catapulta para o avanço, a dor é o buril que lapida as imperfeições morais, que faculta a aquisição da beleza transcendente que vai adquirindo lentamente.

*

Nos momentos graves, portanto, das dores coletivas, que todos cuidem de aprofundar a reflexão, que evitem o desbordar das paixões inferiores, como a revolta, a sede de vingança e de revanche, antes optem pela oração intercessória e a irrestrita confiança em Deus, que rege todos os destinos.

...E sem qualquer dúvida, que as providências legais sejam tomadas com seriedade, a fim de evitar-se, quanto possível, calamidades outras, pois que o sentido da existência terrestre é a evolução sempre para melhor.

17

Arrogância

Herança do primarismo decorrente do processo antropológico da evolução, a arrogância é síndrome de inferioridade moral do Espírito, que mais valoriza a natureza animal, quando deveria desenvolver os sentimentos superiores que se lhe encontram adormecidos.

A arrogância aturde o ser humano que perde a dimensão psicológica da sua realidade e atribui-se valores que está longe de possuir.

O arrogante exala o morbo da presunção doentia, na qual disfarça os conflitos pessoais, enquanto temem que sejam desvelados.

Normalmente, é fraco de caráter e, por isso, refugia-se na aparência soberba, a fim de intimidar, por sentir-se incapaz de amar e de despertar emoções equivalentes de amizade.

Acredita que não é aceito nem respeitado, impondo-se pela petulância, ante a dificuldade de despertar simpatia e fraternidade.

Portador de indescritível amargura, projeta os sentimentos em forma de superioridade falsa, como se a sua fosse uma existência especial, no reinado da ilusão em que se fixa.

O ser humano caminha atraído pelo sol da Verdade, mas, nem sempre consegue, de imediato, diluir a cortina de névoa que o impede de enxergar o rumo que deve percorrer.

Dominado sempre pelos distúrbios internos, permite--se o egotismo, cerca-se de futilidades a que dá significado profundo, sem considerar a necessidade do desenvolvimento da afetividade enriquecedora.

Encastela-se nos atributos que gostaria de possuir, subestima as demais pessoas que parecem existir, exclusivamente para servi-lo.

Torna-se insensível ao sofrimento alheio, dá a impressão de ser inatingível, investido de elevada situação que o torna diferente, especial.

Na sua fantasia de poder, olvida-se de quão frágil é o veículo carnal e, como se encontra susceptível à degenerescência, aos processos de transformação molecular.

Todo indivíduo arrogante é portador de diferentes expressões de medo. Conserva as tendências dominadoras dos instintos agressivos, a que dá expansão, perde-se em vacuidades e solidão.

Prefere os relacionamentos superficiais mentirosos, forjados na bajulação e nos interesses mesquinhos, recusa os afetos simples e desataviados das amizades fraternais.

Domício Nero, por exemplo, atribuía-se portador de divina inspiração, e, por isso, incendiou a velha Roma enquanto cantava, convencido do poder e da genialidade que, logo mais, lhe foram retirados, quando, ao desejar suicidar--se e sem o concretizar, foi empurrado por um soldado contra a lâmina de que se utilizava.

Sugeriu que o seu mestre estoico Sêneca se suicidasse, o mesmo fez com Petrônio, antigo amigo, a quem invejava, no íntimo, por odiar-se a si mesmo, desprezível e cruel, que a todos passou a odiar...

Hitler, quase dezenove séculos depois, sonhou com uma raça superior que deveria dominar o mundo, desencadeou a Segunda Guerra Mundial que ceifou sessenta milhões de vidas, e, covardemente, quando se sentiu vencido, optou pelo suicídio infame.

Todo arrogante é adversário de si mesmo, e, por essa razão, cerca-se de uma súcia do mesmo quilate, para esmagar aqueles aos quais detesta.

✶

O antídoto eficaz para a arrogância é a humildade.

No pretório, ao julgar arbitrariamente Jesus, Pilatos, arrogante, tentou humilhá-Lo, aplicou-Lhe chibatadas e condenou-O à morte, sob a exigência da multidão açulada pelo farisaísmo do Templo, mas não conseguiu desconhecer a grandeza do Inocente.

Todos os inquisidores e títeres que sacrificaram a humanidade temeram a morte que os alcançou com a mesma inclemência com que assassinaram impunemente as vítimas que lhes tombaram aos pés.

A arrogância, no entanto, não se patenteia exclusivamente naqueles que se encontram investidos do poder temporal, da riqueza, da mágica beleza, do aplauso mundano.

É ainda mais lamentável naqueles que renteiam com as dificuldades de todo porte e permitem-se a conduta extravagante e absurda, com que menoscabam os demais e colocam-se de maneira falsa acima deles...

Orgulham-se de coisa nenhuma e encharcam-se do morbo pestilento que os aniquila.

Refletem na face e na conduta a morbidez de que são possuídos, atormentados interiormente e refratários a toda e qualquer expressão do bem, da solidariedade e do amor.

Afastam do caminho todos quantos os podem despertar para a realidade do que são.

Perdem-se nos aranzéis das próprias íntimas complexidades psicológicas que não têm coragem de enfrentar.

Resguarda-te desse inimigo perverso e sedicioso da tua paz, tu que buscas a plenitude.

Sê simples e espontâneo, gentil e cordato.

Os valores ético-morais que dignificam, aproxima as pessoas umas das outras em saudável intercâmbio responsável pelo progresso individual e coletivo da sociedade.

Vigia as nascentes do coração, a fim de que percebas se a tua é a conduta recomendável pelo Mestre Jesus ou é somente uma aparência, uma forma social de convivência com o próximo.

Não te permitas competir, objetivando alcançar destaque de qualquer natureza, e mantém-te confiante nos dons da Vida a que te entregas.

A arrogância predomina em a natureza humana sob disfarces de variada apresentação.

Desse modo, ama e vive com simplicidade, como servo do Senhor que te espera desde há muito.

✶

Diante do arrogante, mantém-te sereno, sem o temer, porquanto és autêntico nos ideais e comportamentos a que te entregas.

A simplicidade de coração, a pureza dos sentimentos, a pobreza de valores do mal, foram elegidos por Jesus, na sinfonia incomparável do monte, e considerados como bem-aventuranças que ainda ressoam, confortam e dignificam as vidas.

18
No deserto

Há dias em que tudo se afigura desolador, caracterizado pela perda de sentido, sem qualquer estímulo para o trabalho de divulgação e de preservação do Bem na Terra.

Há períodos na existência humana em que todas as florações da alegria e do entusiasmo emurchecem, a demonstrar a aparente inutilidade da sua benéfica ação.

Há fase no percurso carnal, em que proliferam o mal e a agressividade em crescimento, que asfixiam as débeis manifestações da bondade e da abnegação.

Há ocasiões em que a predominância da vulgaridade e do ressentimento golpeia as expressões da gentileza e da dignidade, parecendo conduzir tudo e todos ao caos.

Há ocorrências perturbadoras que se multiplicam na condição de escalracho maldito, dominam o trigal das experiências de amor e de caridade direcionadas às criaturas humanas.

Quando se olha superficialmente a cultura social vigente e os indivíduos, repontam alarmantes índices de perversidade, de gozo exaustivo e de loucura pelo poder e pelo prazer sem freio nem dimensão...

Interrogam com frustração todos aqueles que se envolvem nos ideais de engrandecimento da sociedade, se têm valido as propostas da honradez e as lições sublimes do Evangelho de Jesus com os seus mártires e apóstolos, desde que apraz aos viandantes carnais tudo quanto leva à consumpção, ao desar, em vez da alegria pura e da harmonia indispensável ao equilíbrio e à plenitude.

Há, é certo, predominância do vício escancarado e sob disfarces variados, o aspecto pandêmico do cinismo e do desrespeito aos códigos de ética e de moral, com prevalência da face zombeteira dos triunfadores da desonestidade, famosos e difamados, nos postos que conquistaram mediante o suborno, a traição e a astúcia...

Mas não são realmente felizes, tranquilos...

Estão hipnotizados esses triunfadores de um momento, que marcham inexoravelmente na direção do deserto que os aguarda, ardente e desolador...

Sorridentes, mas receosos, inseguros embora prepotentes, empanturram-se de poder e intoxicam-se no álcool e nas drogas ilícitas, porque não suportam a lucidez da consciência ultrajada, a fim de fugirem da presença da culpa e do desamor.

Reconhecem que ninguém os ama, embora se exibam ao seu lado, como cachorrinhos que aguardam as migalhas que venham a cair das suas mesas ricas.

Na primeira oportunidade, abominam-nos, abandonam-nos, execram-nos, porque tampouco se sentem amados e respeitados. Sabem que são utilizados na ruidosa corte da exibição, na qual um usa o outro, que é sempre descartável.

...Esse é o deserto social!

✶

Nunca duvides do êxito da Verdade.

Nuvem alguma pode deter indefinidamente a luminosidade solar, por mais se demore em aparente impedimento.

Foi, num desses desertos que, às portas de Damasco, Jesus apareceu a Saulo, triunfante e enganado, que seguia encarregado de infausta missão contra um dos Seus discípulos.

Ao impacto da Sua presença, derreou da animália ricamente adornada e percebeu a gloriosa figura luminescente, passando a sofrer o horror da cegueira que o tomou, acompanhada do tormentoso arrependimento em torno da hórrida conduta que se permitia.

Nesse deserto, a viagem foi para dentro, para a necessidade do autoencontro, do redescobrimento, da reidentificação com a vida e do retorno aos sagrados objetivos existenciais que desprezara até aquele momento.

Ali nasceu *o apóstolo das gentes*, o desbravador dos desertos humanos, expandindo o Reino de Deus em todas as possíveis direções.

A linguagem do tempo é um presente agora, um contínuo suceder que altera todas as paisagens, as agrestes reverdecem-se, as montanhosas são corroídas, as pantanosas abrem-se em valas de liberação dos fluidos pútridos...

A água suave, nesse largo, infinito tempo, vence a rocha, o vento cantante desgasta o granito vigoroso, o fogo altera a floresta...

Também o ser humano, mesmo quando soberbo e ingrato, arbitrário e dominador, corroído pelas viroses da culpa, necessitado de afeto que não soube despertar pelo caminho, transforma-se, amolda-se, cede ao impositivo das inevitáveis alterações evolutivas.

Ninguém consegue fugir de si mesmo ou viver saudável sem um propósito, um sentido psicológico na sua existência.

O indivíduo mais inflexível nos seus ideais e convicções, assim permanece até o momento em que a dor se lhe penetra, insinuante e contínua, passando a habitar-lhe as paisagens dos sentimentos.

Nesse deserto, porém, numa caminhada silenciosa e demorada, surgem os tesouros da reflexão, do entendimento dos valores espirituais, da necessidade de ser pleno.

Não importa quando esse sublime fenômeno venha a acontecer, porquanto o importante é que sucederá.

A bênção do tempo agora é responsável pela edificação do anjo e do holocausto de amor, porque o sofrimento é uma dádiva que *Deus confere aos seus eleitos*.

✶

Após a visita de Jesus no deserto em Damasco a Saulo, o prepotente rabino, déspota e criminoso, teve necessidade de três anos em outro deserto, para diluir a construção de ferro do orgulho em que se encarcerava e argamassar a realidade do amor no coração ralado de sofrimentos.

Foi, portanto, com o reflorescimento das emoções que ele se deixou impregnar por Jesus e contribuiu vigorosamente para torná-lO conhecido e amado.

Trabalha o teu deserto interior com os instrumentos do amor e da compaixão e o transformarás em jardim de dádivas, para tornar o mundo melhor de onde o mal fugirá envergonhado.

19
Treinamento para a desencarnação

Mergulhado nos equipamentos carnais, sabe o Espírito que a fatalidade da morte ronda-lhe a indumentária, que é de natureza transitória.

Cuidar de reflexionar em torno da brevidade da existência – mesmo quando parece larga na sucessão do tempo – é dever inteligente de todo indivíduo que se descobre a própria imortalidade.

Ao compreender que a jornada orgânica tem por finalidade o aprimoramento intelecto-moral, cabe-lhe aproveitar todos os momentos para amealhar esses conhecimentos que o capacitam para alcançar a meta que lhe está destinada.

A ilusão produzida pelos sentidos físicos, no entanto, proporciona-lhe distrações variadas, dá-lhe a impressão falsa da perenidade material, embora o transcorrer do tempo imprima-lhe as marcas resultantes do desgaste da energia.

Ao mesmo tempo, quando enfrenta os fenômenos naturais da reencarnação: ocorrências fatais como crimes e desastres de vária ordem, enfermidades inumeráveis e insucessos da maquinaria física, mais facilmente é convidado a entender a fragilidade da roupagem de que se utiliza, a fim de despertar para meditar em torno do momento inevitável da desencarnação.

Criar o hábito saudável de pensar no encerramento da marcha existencial é exercício que muito contribui para a facilitação dos desapegos afetivos, econômicos, sensualistas, das ambições de êxito e de glória, de poder e de dominar, sempre de efêmera duração...

Trabalha-se com afã dignificante e esforço exaustivo para banir-se as enfermidades, prolongar-se a existência sadia mediante avançadas tecnologias respeitáveis. No entanto, não se conseguirá impedir a decomposição dos elementos constitutivos do corpo. A energia vital que o mantém esgota-se e a morte é sempre inevitável.

A cada momento, apresenta-se a degenerescência de cérebros notáveis que iluminaram o mundo com a sua contribuição extraordinária, vitimados por síndromes perversas, cujas causas encontram-se no cerne do ser e não na organização neuronial...

De igual maneira, processos cancerígenos e descompassos cardíacos arrebatam florações gloriosas de vidas aparentemente robustas que pareciam possuir todos os requisitos para uma caminhada longa...

Transtornos psicológicos arruínam milhões de pessoas triunfantes, ao lado de outros de natureza psicótica arrasadores, e demonstram a fragilidade da argamassa celular e da força geradora da vida.

Acidentes lamentáveis e homicídios bárbaros apresentam estatísticas assustadoras sobre a debilidade da organização física, e, apesar disso, o ser humano prossegue iludido nas fantasias da imaginação sem controle.

Quando, porém, é invitado ao retorno ao Grande Lar, o despreparo mental e emocional domina-o, acelera, sem que o deseje, o processo que gostaria de evitar.

O treinamento para a desencarnação tem caráter de urgência.

✶

Coube à nobre dra. Elisabeth Kübler Ross, após exaustivas experiências e incontáveis labores, criar a Tanatologia, a oportuna Ciência que estuda a morte nas suas várias expressões. Em consequência, ela constatou a imortalidade do Espírito e quanto é importante a sua preparação para o enfrentamento com a vida que prossegue além do túmulo.

Inspiradamente, organizou grupos de apoio e conforto aos pacientes terminais, assim como aos seus familiares, constituídos por psicólogos, religiosos, assistentes sociais, pessoas gentis e fraternas como seus acompanhantes durante a etapa final.

Trabalhou o luto e suas consequências, nos familiares que se sentem desolados com a morte dos seres queridos, proporcionou-lhes objetivos a serem preservados, de forma que possam prosseguir saudáveis e confiantes no reencontro que ocorrerá quando da sua própria viagem de volta...

Sobretudo, colocou à disposição dos pacientes o conhecimento da imortalidade e a sua aceitação jubilosa, a diminuição do desespero e do medo, assim como proporcionou-lhes recursos que tornam esse período menos angustiante, com possibilidades de terem diminuídos os sofrimentos morais...

Da mesma forma que a reencarnação é constituída de expectativas felizes de preparação e trabalho bem-direcionado para uma larga existência na Terra, a desencarnação merece cuidados especiais, a fim de serem evitados os lamentáveis fenômenos de perturbação e de obsessão.

Morrer não é desintegrar-se, mas transferir-se de faixa vibratória, de um para outro estado de expressão da vida.

Cada qual desperta além do *Rio do esquecimento* com os valores de que se fez depositário durante a viagem carnal.

Não ocorrem transformações miraculosas que proporcionem bem-estar a quem não se encontre capacitado para fruí-lo pelo merecimento de que se faz portador, da mesma forma que não há despertamento alucinado por parte daquele que se tornou credor de harmonia e de equilíbrio.

Ao conscientizar-se o Espírito sobre o fenômeno da desencarnação, ocorre-lhe o suave acordar em tranquilidade, cercado pelos abnegados Mentores que velam por ele e o aguardam alegres.

Quando o desconhecimento, a sensualidade e o apego à matéria nele predominam, inevitavelmente o processo é muito doloroso no Além-Túmulo, e prolonga-se em razão da pregnância produzida pelas sensações e a teimosia mental em relação à vida espiritual que nega...

Não foi por outra razão que Jesus enfatizou: – *Busca a verdade e a verdade te libertará.*

O conhecimento da realidade do ser é de primordial importância para a aquisição da sua plenitude, tanto no estado físico assim como no espiritual.

A morte não transforma aqueles que optam pelas conveniências a que se amoldou durante o trânsito na matéria.

Todo fenômeno psicológico de renovação começa pela atitude mental, logo depois pelo esforço de incorporá-lo aos hábitos, a fim de que produza os efeitos que se desejam.

De forma idêntica, sucede com a renovação após a morte.

✶

Faze uma avaliação honesta de como te encontras espiritualmente neste momento e se estás em condição equilibrada para o enfrentamento com a desencarnação.

Não saberás com grande antecipação quando ocorrerá, mas que sucederá, não existe qualquer dúvida.

Inicia o teu treinamento, pensa no que conduzirás e no que terás que deixar...

A cada segundo apresentam-se transformações orgânicas, portanto, morrem e nascem células, alteram-se órgãos, até o momento em que se dá a parada cardíaca e consequente morte do tronco encefálico...

Cuida, desse modo, desde agora, da tua imortalidade, na qual te encontras investido.

20
Convulsões morais

A mansuetude deveria ser o estado natural do ser humano, cuja consciência desabrocha para o discernimento. Nada obstante, é a belicosidade que lhe jaz adormecida, que o comanda nas experiências relacionais do quotidiano.

A predominância do instinto sobre a emoção, coloca-o, invariavelmente, em defesa; opta pelo comportamento de agressão, em vez do sentimento de fraternidade que um dia unirá todas as criaturas num *só rebanho...*

Com facilidade surgem pugnas sem qualquer justificativa, separam os indivíduos que se deveriam unir cordialmente ao impositivo do ancestral instinto gregário. No entanto, o predomínio do primarismo psicológico faz que o *ego* sobreponha-se aos valores transcendentes do Espírito e a dissensão estabeleça-se.

A saudável arte de conversar, de dialogar, de permutar informações e conhecimentos, experiências e sabedoria, cede lugar às sistemáticas discussões que deixam mossas emocionais nos relacionamentos.

Armando-se contra o próximo por nele vê um potencial inimigo, logo surgem as suspeitas e desconfianças que se ampliam em agressões infelizes, ora verbais e noutras ocasiões de natureza física, inconsequentes...

Seria muito mais fácil ver-se no outro o amigo, o coração afetuoso capaz de produzir calor na afeição, a depender, apenas, de um pouco de gentileza ou de paciência, ou mesmo de compaixão...

A gentileza cede lugar à grosseria, à ausência de civilidade, quando deveria ser um estado natural no comportamento, porquanto é essencial à saúde emocional e física, gera simpatia e une as pessoas.

Dessas maneiras doentias de convivência, nascem as convulsões sociais, as agressões violentas nos lares, nas ruas, em todos os campos de atividade.

O ser humano, em consequência, desumaniza-se, retorna emocionalmente ao primarismo.

A cultura enlouquecida, como efeito do vandalismo que grassa, faz-se estímulo frequente para a ocorrência das convulsões externas, frutos espúrios dos tormentos íntimos.

A mansuetude e a doçura do coração, a que se refere o Evangelho de Jesus, deveriam constituir um alicerce comportamental para o equilíbrio social, porque é no indivíduo que a sociedade tem início. Se ele é pacífico, ao exercer uma função relevante torna-se pacificador, mas se é agressivo faz-se sicário dos outros.

São esses homens e mulheres do dia a dia que ao se tornarem autoridades podem fomentar a paz ou a guerra, de acordo com as características emocionais que os tipificam.

Todos estão fadados à plenitude, e as experiências cotidianas constituem recursos valiosos para o abrandamento das paixões inferiores, para a aquisição da bondade e da mansidão.

O mundo moderno conseguiu milagres na sua face externa, sem lograr a iluminação, a pacificação do ser interior. Em consequência, tornam-se inevitáveis as convulsões morais que têm a tarefa de demolir as construções antigas e mórbidas asselvajadas, cedendo espaço emocional para o desabrochar da natureza espiritual.

Nesse sentido, a filosofia de Amor exarada no Evangelho de Jesus é a única portadora dos valores saudáveis para a mudança de patamar evolutivo, para a superação das tormentosas convulsões destrutivas.

Confiar mais nos próprios recursos morais e proporcionar ao próximo a oportunidade de autoedificar-se, oferecer-lhe chance de recuperar-se, quando se equivoque ou se comprometa negativamente, é dever impostergável.

A mansuetude é conquista do esforço pessoal e da determinação para a conquista da autocordura e da paz.

✶

Não te permitas intoxicação com os vapores morbosos da dissensão, mantém-te em equilíbrio mesmo quando ocorram situações vexatórias e que te provoquem reações de violência.

Provocações e agressividade surgem a cada momento, desafiam-te, porque te encontras no mundo em processo de desenvolvimento intelecto-moral, sujeito, portanto, às condições ambientais e sociais.

Envolve-te na *lã do cordeiro de Deus* e evitarás o choque dessas reações violentas.

Desconfianças e acintes seguir-te-ão empós, mas não te perturbes, e permanece digno de respeito pelas palavras e atos.

Acusações indébitas e aversões espontâneas criar-te-ão embaraço, no entanto, não lhes consideres as injunções penosas, mantendo-te generoso e saudável, pois que renasceste na Terra para ascender no rumo da Grande Luz.

Tem em vista que somente acontece aquilo que constitui motivo de progresso para o educando espiritual.

É claro que o desagradável, o perturbador, o incidente malsão constituem rude provação, mas assim sucederá somente se o considerares sob esse aspecto. Quando alterares o foco de observação e levares em conta tratar-se de bênção, diminuirá de intensidade a ação molesta, e compreenderás o bem que defluirá da preservação da tua paz.

Quando o grão de areia invade a ostra, ao invés de expulsá-lo, ela o envolve, transforma-o em pérola reluzente.

De igual maneira, transforma o aparente mal em significativo bem.

Não será fácil evitar-se a convulsão social, enquanto não se corrigirem as de natureza moral.

Começa, de tua parte, o programa de transformação da humanidade, em ti mesmo, sem permitir que a tua seja a contribuição perturbadora, aquela que impede o progresso geral.

Francisco, o santo de Assis, sempre considerava que tudo quanto lhe acontecia, e era vulgarmente tido como um mal, constituía-lhe bênção para a edificação espiritual e vivência de Jesus no seu dia a dia.

Imita-o, já que te parece difícil ser um símile do inolvidável Mestre de Nazaré.

✶

A mansuetude é irmã da paz.

Mesmo que tenhas a percepção da serpente mantém a mansuetude do pombo.

Na montanha, Jesus tornou bem-aventurados os manso, os pacíficos e humildes, elegendo-os como *filhos de Deus.*

21
A BÊNÇÃO DA PACIÊNCIA

Vivem-se, na atualidade, desafios crescentes e ansiedades contínuas, que demonstram a precariedade do tempo que parece não permitir sejam alcançadas todas as metas que se apresentam.

O denominado "tempo sem tempo" domina as criaturas, e o estresse faz-se o comportamento quase normal da imensa mole humana.

Tem-se a impressão que o relógio está avançando mais célere do que antes e que a melhor programação elaborada não é suficiente para atender as prementes necessidades do cotidiano.

O tormento pelo ter, pelo participar de tudo, quando a comunicação virtual faculta um horizonte infinito de possibilidades, faz-se cada vez maior, conduz ao desespero aqueles que se permitem fascinar pelas fugas espetaculares da realidade que vivenciam os voos da imaginação, ou empurram para o desânimo aqueloutros que se acreditam desequipados de recursos para tomarem parte em tudo.

As redes sociais, os arquivos com designação variada oferecem dezenas de milhões, se não centenas de informações de todo jaez, ao alcance de alguns toques rápidos nos aparelhos especializados, o que contribui para o conhecimento de tudo, especialmente das frivolidades, assim como de conquistas científicas, filosóficas, religiosas, éticas, espairecimentos, viagens, e este comportamento causa ansiedade e frustração ante a impossibilidade de tudo ser alcançado.

Navega-se com sofreguidão pelos oceanos de informações descabidas, nobres umas, perversas outras, e a irritação substitui o bem-estar, a correria desenfreada assume o lugar do equilíbrio, os conflitos afloram, e todo o aparente conforto proporcionado pelas facilidades tecnológicas torna-se uma espada de Dâmocles, prestes a tombar sobre a cabeça daqueles que se permitem alucinar pelo jogo da insaciabilidade...

A paciência é um valor ético defluente do ajustamento emocional da criatura em relação às condições de vida, às circunstâncias e aos acontecimentos a sua volta.

Deve ser trabalhada com qualidade, de modo que se constitua um hábito saudável proporcionador de harmonia.

A impaciência deflui da presunção individual que se atribui direitos de sempre ser o primeiro, de fruir das melhores situações, de desfrutar de privilégios, de receber alta consideração, mesmo quando o seu não é o comportamento adequado a esses favores que atentam contra a ordem e o bem-proceder.

O ser humano é um conjunto eletrônico sob o comando do Espírito ainda em lenta construção. Todos os equipamentos possuem recursos próprios de automanutenção e autopreservação, que obedecem à administração da consciência.

Ao alcançar os limites de resistência, todos os exageros e exacerbações transformam-se em cargas destrutivas que lhes perturbam as funções.

Conhecer a capacidade de equilíbrio e trabalhar para preservá-la é dever de todo aquele que adquire consciência da existência física, comprometido com o processo de evolução.

A preservação harmônica do conjunto depende do comportamento paciente em relação a todos os fenômenos existenciais, que equivalem a uma vivência equilibrada de cada ocorrência e manifestação.

*

É desagradável, certamente, esperar-se numa fila, especialmente quando a mesma parece não se mover. Nada obstante, somente assim é possível conseguir-se atendimento tranquilo de acordo com a hora da chegada, porque os direitos humanos devem ser igualitários.

Ouvir-se com simpatia o que o outro fala é dever social e humanitário, porquanto todos têm algo a dizer, e não apenas o compromisso de escutar.

Desse modo, vale respeitar o silêncio do próximo, evitando produzir-lhe cansaço com os problemas pessoais que não lhe são interessantes.

Compreender as necessidades alheias também é maneira edificante de viver a paciência, assim como ter em vista que todos são humanos e atravessam os mesmos caminhos, cada qual com a carga dos recursos que lhe são próprios. Alguns são mais resistentes e melhores equipados em decorrência de conquistas anteriores, mas outros, porém, são frágeis, incapazes, e precisam de ajuda, a fim de superar as dificuldades em que se encontram.

A psicologia da paciência ensina que saber esperar é também poder conquistar, não desanimar ante os obstáculos que devem ser contornados, não desistir diante das ocorrências inesperadas, manter o sentido emocional da existência física.

Quando se perde a paciência, demonstra-se que o objetivo psicológico é egoístico, sem significado de profundidade, num jogo de interesses mesquinhos e imediatos.

Por mais se deseje que enfloresça e frutesça a débil planta, não se conseguirá, porque é necessário tempo próprio para ser alcançada essa etapa.

Quando a borboleta agita-se no casulo em que esteve adormecida desde a fase embrionária, a dificuldade que lhe exige esforço contínuo fortalece-lhe as asas para o voo feliz. Qualquer precipitação, se for arrancada do presídio, mutila-se-lhe a resistência.

O choro dos bebês fortalece os pulmões e facilita-lhes o movimento dos foles respiratórios.

Tudo, na vida, obedece a espaço e tempo que devem ser mantidos em consideração, em favor do progresso, do desenvolvimento para a harmonia das diversas expressões da vida.

Não te atormentes com a pressa.

O labor feito apressadamente perde o agradável sabor da realização e quase nunca é executado com a perfeição que lhe é exigida.

Exceto nas ocorrências especiais, é melhor perder um minuto na vida, a perder a vida por causa de um minuto de irreflexão, de precipitação.

Não tentes fazer tudo de uma só vez, pois que não o conseguirás, e o resultado será decepcionante.

Realiza cada atividade no seu momento próprio, utiliza-te do tempo disponível que lhe deves reservar, e logo após, atende a outra que te aguarda.

A grande marcha inicia-se no primeiro passo, e o nobre discurso na primeira palavra.

Tem paciência, a fim de desfrutares as bênçãos da saúde e da harmonia.

✶

Todo o Evangelho de Jesus é um tratado de sabedoria em razão da paciência que Ele sempre demonstrou em todas as situações e com todos aqueles que O buscaram.

Reflexiona nas suas páginas, introjeta as lições nelas contidas e age com serenidade, usando a paciência que se transformará em uma virtude a mais na tua agenda evolutiva.

22
Culpa e arrependimento

Nos painéis mentais do ser deambulante pelo corpo físico, muito facilmente se inscreve a culpa como resultado das atitudes que vão contra a ética do comportamento, as saudáveis leis do equilíbrio, podendo, porém, transformar-se, ao longo do tempo, em terrível látego que o aflige cruelmente.

Estando as Leis de Deus ínsitas na consciência, conforme acentuaram os Mentores da humanidade ao sábio codificador do Espiritismo Allan Kardec, é natural que tudo quanto lhe viola a harmonia ou a dilata, passa a gravitar-lhe em órbita com os efeitos defluentes da qualidade de que se reveste.

O Espírito foi criado para a magnificência da luz por proceder do Divino Foco que a tudo deu origem.

Com necessidade de expandir esse sublime psiquismo que ainda lhe dorme em latência com incomensuráveis recursos de plenitude, necessita do mergulho no aquecimento carnal, a fim de desenvolver-se, libertar todos os conteúdos transcendentes de que se encontra portador.

Mediante uma delicada comparação, Jesus referiu-se a esse tesouro adormecido no inconsciente profundo, ao afirmar que *a semente que não morrer, não viverá...*

Pode-se depreender do ensinamento através de um paralelismo, que o mergulho do Espírito no corpo, que lhe produz o amortecimento da lucidez plena, faculta o desenvolvimento de todas as suas potencialidades até o patamar de ser numinoso.

Durante esse lento e contínuo processo de crescimento, os impulsos defluentes das fases primárias, em que *há a predominância da natureza animal por sobre a natureza espiritual,* fazem que o *ego* imediatista se acautele e se revista de cuidados para o próprio triunfo com a visão distorcida da realidade, e deixe-se arrastar pelas heranças ancestrais. É nesse comportamento primitivo que a consciência desperta e, ao analisar os valores em que se sustenta, abre espaço para a culpa, que se manifesta como conflito de remorso, de insegurança, de mal-estar, numa necessidade inconsciente de autopunição.

Desequipado da valiosa contribuição do discernimento para melhor eleger a maneira de reabilitação, faculta-se o estado de opressão, que procura dissimular, e tomba no pessimismo, na amargura, na depressão.

O erro, o comprometimento em razão das atitudes infelizes, não são maus, e sim males que favorecem com a experiência de como não mais comportar-se dessa maneira, enrijecem o caráter e dulcificam o coração. A firmeza moral proporciona a eleição de metas edificantes e de condutas corretas, enquanto que a doçura do coração responde pela paciência e compaixão para com todos aqueles que não compartilhem dessa atitude que é pessoal e intransferível.

Infelizmente, é mais cômoda a postura de vítima do que a de autorresponsável pelos equívocos, permitindo-se o envolvimento pela compaixão alheia à decisão saudável e elevada do amor de compreensão.

Todas as experiências no trânsito carnal contribuem para a evolução do ser que está no rumo da plenitude.

✶

Tem cuidado com a culpa, mesmo que se te apresente sob disfarces variados, especialmente em forma de complexo de inferioridade, de síndrome de desconfiança, de busca de solidão, inveja dos triunfadores e de todos quantos se afadigam pela autorrenovação.

Sai do casulo do remorso e procura agir, utiliza-te dos recursos da inteligência e da ação para edificares o equilíbrio interno, reparares o mal que fizeste, impulsionar o progresso individual e coletivo, deixar de ser um peso morto na economia ativa da sociedade.

A compaixão que desejes inspirar, de maneira alguma contribuirá para a tua recuperação.

A piedade é uma virtude para ser aplicada noutros cometimentos e não para embalar a ociosidade dourada e o comportamento doentio.

É natural que o erro, o mal que se fez, permaneça em volta do seu autor, produza-lhe, quando desperto para a realidade, sentimentos de tristeza, de perturbação, de culpa. Isso porém com efêmera duração, para que se não transforme numa bengala de apoio para a vivência da inutilidade na autocomiseração.

Ao descobrir-se que existe algo equivocado que necessite de reconsideração, é indispensável o arrependimento, primeiro passo para as condutas que devem ser seguidas.

O arrependimento propõe o melhor caminho para a correção do que foi mal praticado, não bastando por si mesmo. Torna-se necessária a mudança de comportamento, que se manifesta em forma de sofrimento pela ação nefasta, que enseja a compreensão de que não mais se deve agir dessa maneira, o que, naturalmente, proporciona uma forma de expiação. Nada obstante, é imprescindível a reparação do que foi praticado de maneira perniciosa, a fim de que o equilíbrio volte a vicejar onde antes havia harmonia emocional e vibratória, destroçada pela imprevidência do infrator.

Somente, então, a tranquilidade habitará o ser que se conscientiza da responsabilidade perante a existência na direção de Deus.

Em situação alguma cultives a culpa derrotista e inútil, que se pode transformar em problema emocional da maior gravidade.

Com a mesma naturalidade com que enveredaste pelo desvio do dever, refaze o caminho, retorna à via principal do equilíbrio e da retidão.

A Terra é uma escola formosa onde todos aprendem a lidar com os desafios do processo de evolução e com as lutas de autoiluminação.

Nunca te desesperes quando constatares o teu mal procedimento em relação a alguém. Com a mesma disposição, recomeça o caminho e reabilita-te. Se, por acaso, o outro que se te fez vítima não está disposto a perdoar-te ou sequer a desculpar-te, não te preocupes, pois que a parte que te dizia respeito já a fizeste, agora o restante é com ele.

Segue sempre adiante e, se por acaso retrocederes, que seja somente para corrigir, e não para ficar na retaguarda entre lamentações e pieguismos.

A existência na Terra é rica de empreendimentos, de movimentos, de ações. Qualquer paralisia é perda de tempo e de oportunidade.

Robustece-te na coragem da fé e recompõe-te interiormente, liberta-te quanto antes da culpa.

✶

Se, nesse cometimento, o da superação do erro e do arrependimento, sentires dificuldades e debilidade de forças, recorre à oração ungida de amor, roga a Nosso Pai que te enrijeça o caráter e te faculte emoções nobres a fim de prosseguires no rumo do objetivo saudável, que é a conquista da paz interior.

Não te permitas enfraquecer no ânimo, enquanto te encontras no corpo físico, reabastece-te nos colóquios com Deus através do pensamento edificante que podes cultivar em qualquer situação.

Culpa, nunca!

23
Afetividade conturbada

A psicologia da afetividade é portadora de muitas complexidades.

O ser humano tem como uma das metas fundamentais da existência a conquista e a vivência do amor. Nada obstante, o sentimento de amor brota suavemente como o desabrochar de um botão de flor que aromatiza e oferece beleza na haste onde se encontra.

Deve ser cultivado com ternura e encantamento, sem perder o rumo da plenitude.

É uma emoção que se deriva do instinto de preservação da vida, dilui o medo, elimina a violência e esparze tranquilidade.

É também manifestação grandiosa do estágio de humanidade alcançado pelo desenvolvimento antropossociológico do ser.

Possui o mister de emoldurar a personalidade e uni-la à individualidade sem qualquer necessidade de artifício, faculta imensa alegria de viver e de participar do grupo social.

Infelizmente, os impulsos do primarismo da evolução que ainda permanecem em predominância, propõem ao *ego* e à sua *sombra* o desejo de domínio sobre o ser amado, não poucas vezes, asfixia o sentimento que emurchece, transforma-se em capricho ou paixão dos sentidos.

Decorrente, algumas vezes, dos impulsos da libido, fixa-se apenas no interesse imediatista do prazer, sem os compromissos da abnegação, do companheirismo, da amizade e da ternura.

Ao confundir-se com os impulsos sexuais, de que se é portador, a afetividade apresenta-se em cada indivíduo conforme os *seus conteúdos psíquicos* de posse, de domínio, assim como as tumultuadas emoções ainda na fase primária.

Igualmente se expressa mediante os estágios de elevação moral e riqueza espiritual que exornam o *Self.*

À medida que o Espírito progride no corpo, as sensações mais fortes da matéria se transformam em emoções de delicadeza, de generosidade, de doação, de afeição.

Nessa fase, a afetividade sobrepõe-se ao sexo, às aparências da beleza ou da inteligência, da arte ou de quaisquer outras valores que caracterizam as demais criaturas.

Por isso, pode-se compará-la, numa analogia singela, a um círculo onde ocupa o centro, de cujo fulcro partem raios na direção da periferia, formam angulações específicas que se podem traduzir, como fraternal, maternal, paternal, filial, sexual, com amplificações ao sacrifício, à renúncia, ao holocausto, forma um conjunto complexo que a define em profundidade.

Quando há predominância de apenas uma parte, ainda não alcançou o objetivo essencial, inicia-se, porém, o processo que irá exigir o amadurecimento psicológico para expandir-se noutras direções.

Ao permanecer dentro desse raio limitante faz-se paixão que se pode converter em transtorno, dando lugar a sofrimentos desnecessários, tanto naquele que o experimenta, assim como no outro a quem é dirigido.

O cárcere da afetividade tumultuada tem dimensões colossais na sociedade terrestre e responde por muitos crimes e alucinações, desvios das rotas do dever e da saúde.

✶

Inúmeras síndromes de transtornos emocionais, psiquiátricos e orgânicos, são resultados da afetividade conturbada.

Herança de existências transatas ou de conflitos na atual, reponta como tormentos que aturdem o indivíduo que busca mecanismos de fugas psicológicas com medo do enfrentamento com a realidade do ser carente e angustiado que é.

Dominado, não poucas vezes, por complexos de inferioridade ou de narcisismo, crucificado na culpa consciente ou não, resultante de comportamentos aviltantes, assume composturas estranhas e exóticas, agride a sociedade com as máscaras que chamam a atenção para a aparência, ao esconder o mundo interno de sofrimento e dor que o trucidam.

Muitos buscam na cultura física a sua autorrealização, evitam comprometimentos mais profundos por medo dos desfechos infelizes ou da incapacidade de mantê-los por largos períodos.

Vivem a superficialidade das sensações, esses indivíduos, refugiam-se nas buscas dos campeonatos da competição de qualquer natureza, mediante os quais dão vazão aos seus temores, sem que encontrem as legítimas compensações que preencham o seu vazio existencial.

Provocam inveja porque não sabem despertar amor.

Evitam relacionamentos sérios, por sentirem-se incapazes para assumir o lado bom da existência que ainda permanece quase intocado...

Tornam-se agressivos ou isolados, mantêm o semblante cerrado, como que para intimidar, já que temem ser descobertos na fragilidade emocional e na ansiedade de encontrar afetos que os possam asserenar.

Quando mais fragilizados, optam egoisticamente pelo prazer individual, e entregam-se aos vícios das drogas de diferentes matizes, fingem felicidade entre esgares e medos crescentes...

...Apesar disso, é muito mais fácil experienciar o amor do que fugir dele!

Nunca temas a afetividade saudável e desinteressada de compensações prazerosas imediatas.

Planta-a em tua volta, começa pelo autoamor, pelo autorrespeito, considera a preciosidade deste momento em tua jornada, e verás, a pouco e pouco, germinar sorrisos de simpatia, abraços de fraternidade, oferta de carícias...

Enquanto te escuses, permanecerás em conflitos atrozes, mas a partir do momento em que consideres que a existência terrena tem a grande finalidade de amar, logo se descerrarão as cortinas que impedem a claridade do sol da alegria e tudo mudará de aparência, assim como de significado psicológico.

Não esperes milagres da afetividade sem que te faças receptivo e doador.

A avareza em qualquer situação é sempre uma conduta perversa.

Se desejas receber, mas temes retribuir, certamente ficarás crestado na dureza dos sentimentos doentios.

Não elejas especificamente uns em detrimento de outros indivíduos.

Começa a amar todos que se te acerquem, especialmente aqueles que mais te sensibilizem, sem exigires nada em retribuição, e ficarás rico de harmonia interior.

✶

A afetividade é presença de Deus na existência humana.

Se está adormecida em teu mundo interno e ainda não a experimentas, aquece-a com a ternura, agradecendo à Vida a oportunidade de viver no corpo, de auxiliar os caminhantes cansados que seguem pela mesma senda, receptivo às ondas de amizade que vibram em a Natureza.

Acostuma-te a manter a esperança de felicidade, e estarás amando desde já, sem dar-te conta, porque o amor é a alma de todas as coisas e de todos os seres.

24
Conquista interior

As fixações mentais que se transformam em hábitos, respondem pela conduta do indivíduo, estabelecem as suas normativas existenciais.

Invariavelmente, constituídas por ideias extravagantes ou resíduos de conflitos psicológicos não diluídos pela razão, permanecem asfixiando quaisquer possibilidades de renovação e de crescimento interior.

Repetindo-se com frequência de maneira viciosa, encarcera o pensamento que permanece no círculo reduzido das primitivas construções psíquicas.

Toda vez quando surgem novas ideias e ânsias por horizontes mais enriquecedores, pelo fato de encontrar-se estagnadas, logo cedem lugar aos velhos comportamentos que mais dificultam a conquista de aspirações de beleza, de liberdade e de vida.

A fonte das mais grandiosas expressões da vida estão em germe nos refolhos d'alma, aguardando ser descoberta, a fim de fluir em abundância. Quanto mais for penetrada melhores linfas de sabedoria e de amor se apresentam, favorecem o crescimento intelecto-moral e o desenvolvimento espiritual.

Pode-se dizer que, de alguma forma, o Psiquismo Divino aí se encontra em potencial, espera ser conquistado e dispor de espaço para expandir-se de dentro para fora no rumo do infinito.

A interiorização mental do ser é de fundamental importância para a autoanálise, que lhe faculta descobrir todas as possibilidades de desenvolvimento, ao mesmo tempo ensejam trabalhá-las com eficiência e dedicação, para tornar-se inundado pelos divinos dons da sabedoria.

O processo de crescimento para Deus, que é inevitável, por mais seja postergado, torna-se de fundamental importância para o Espírito que deseja a autoconsciência, libertar-se das paixões dissolventes e asselvajadas, que serão substituídas pelas aspirações de transcendência e de imortalidade.

Nas paisagens sombrias do ser ainda não clarificadas pelas luzes do amor e do conhecimento, desenvolvem-se os monstros odientos da agressividade, do orgulho, da inveja, do ciúme, do ressentimento e do ódio...

Porque são defluentes do medo da verdade, reinam, soberanos, nos campos mentais e impedem quaisquer procedimentos libertadores, equilibram o indivíduo que deverá estar sempre receptivo para conseguir amar.

Por essa, assim como por outras razões, faz-se desafiador o processo de renovação moral de mudança de hábitos, especialmente quando se propõem a derrubar as bengalas psicológicas em que aqueles se apoiam.

Nesses casos, é possível perceber-se a luminosidade abençoada, interessar-se rapidamente, tombando, logo depois, no marasmo, no pessimismo, nas repetitivas condutas do autoabandono, que não passa de desprezo por si mesmo e pelas incomparáveis concessões da Vida.

✶

Desencarcera-te dos vícios mentais e estabelece um programa de renovação interior.

Não elabores programas para o futuro, nem te refiras à possibilidade de o iniciares *um dia* que nunca chega.

Resolve-te por começá-lo neste momento, analisa a existência que tens vivido e a maneira como tens-te comportado.

Há chavões psicológicos doentios que devem ser banidos da tua agenda mental imediatamente: *Não posso, não consigo, quem sou eu...*

Tudo pode e consegue aquele que tenta, que se afadiga, cai e reergue-se, erra e recompõe-se.

És filho de Deus, possuis a gênese do Inefável Amor, que te sustenta em todos os momentos, mesmo quando não te dás conta das Suas mercês: o ar, a água, a criação esplendorosa diante de ti, que convidam ao movimento, à ação contínua...

Tens a destinação do triunfo que te aguarda à frente, caso te proponhas a sair da cômoda posição de indiferente para o estágio de lutador que conquista o seu espaço e desfruta da sua oportunidade.

Ninguém alcança o acume da montanha sem atravessar as baixadas sombrias.

O perfume que as flores esparzem no ar é filho da química da Natureza que transforma adubo e água em plantas delicadas que explodem em formas especiais de louvor a Deus.

Tudo no Universo obedece a Leis de harmonia e de padrões morais que expressam o pensamento do Criador em cujo rumo tudo avança.

Não te detenhas, portanto, na autocomiseração, não te escondas nas mentirosas justificativas de que não és membro do grupo de privilegiados que alcançam os nobres patamares da plenitude.

Esses que o logram, atravessaram antes os vales sombrios e desafiadores por onde agora transitas, não se detiveram nas lúgubres regiões. Aspiraram o oxigênio puro das alturas e resolveram-se por absorvê-lo em longos haustos, empreenderam a marcha sem recuo para situar-se onde agora se encontram.

Aquele que te parece privilegiado, é o conquistador que se resolveu por abandonar essa postura para tornar-se vencedor.

Faze o mesmo, deixa no passado os vícios mentais que, em determinado momento da tua evolução, fizeram parte da tua agenda emocional, e assume novos compromissos com a beleza e a alegria.

Exercita a mente com singelas reflexões, faculta-te um treinamento de melhor observador de tudo quanto se encontra em teu entorno: o dia de sol ou de chuva, as árvores, as flores, os frutos, as aves, os animais, as pessoas... Quantas extraordinárias coisas que vês mas não fixas, que se te apresentam e não te deténs a observar!

Reserva-te um pouco de tempo para o ser profundo que és, viaja para dentro e pergunta-te qual é o sentido da existência, por que estás na Terra e como deverás fazer para conquistar a luz que dilui a ignorância; plenifica a mente e o coração!

O novo hábito de pensar far-te-á descobrir quão bela é a ocasião que vives e quão enriquecedores são estes dias que estão às tuas ordens!

Acostumar-te-ás rapidamente às novas construções mentais e passarás a ter mais alegria de viver, mesmo que os problemas continuem, os desafios assustem, portador de melhor entendimento e mais acurada visão para os resolver.

✶

Mesmo Jesus, o Excelente Filho Deus, nosso Guia e Modelo, antes do Ministério, buscou o deserto para manter-se em união com o Pai, durante longo período e, toda vez que atendia a multidão, alimentando-a de pão, de peixe, e principalmente de luz, viajava na direção do silêncio, para autopenetrar-se, para conservar o contato com Ele...

Somente no interior encontrarás as respostas para todas as questões que te afligem, assim como a paz para a vitória sobre o tumulto existencial e os doentios vícios mentais.

25
Construções do bem

A vida mental é de fundamental importância para o direcionamento seguro da existência física na Terra. Hábitos arraigados, portadores de conteúdos pessimistas e punitivos, herdados das experiências multifárias do passado, insistem em manter os comportamentos mórbidos em detrimento das formulações salutares do bem.

Em consequência, cultiva-se muito mais o mal, dando-lhe significado e valor psicológico que o enriquecem de resistências, em vez dos contributos libertadores das fixações que devem ceder lugar a novas reflexões e aprendizagens.

A mente está sempre em atividade inquietante. Desse modo, o pensamento será decorrência da eleição pessoal de cada qual, no cultivo de *sombras* e temores ou na construção das obras dignificadoras.

Muitos indivíduos evitam modificar as paisagens mentais com receio, injustificadamente, de acontecimentos infaustos como sendo castigos da Divindade pela sua mudança de atitude.

Comprazem-se, inconscientemente, nas situações deploráveis do atraso intelectual assim como do desenvolvimento moral, e sucumbem ante as imposições nefastas de posturas perversas do passado de ignorância e de retardamento cultural.

O conhecimento que liberta abre também as portas das possibilidades felizes para a eliminação de toda *sombra* pertinaz, responsável pela insensatez e pelos distúrbios emocionais que infelicitam.

Nunca temas, porém, o mal, cuja estrutura é firmada na ausência do bem.

Valorizar o lado negativo das ocorrências, considerar que é o predominante no mundo, resulta desse processo de negação às informações novas e às revelações da Ciência e do pensamento, que trazem as contribuições felizes para tornar a jornada menos áspera e mais compatível com a Justiça Divina.

É necessário, portanto, compreender que a aquisição da justiça pelo ser humano é um passo avançado na sua experiência de iluminação, conforme acentua a lógica, que esclarece que a pessoa justa é nobre e sábia. Isto porque a justiça oferece os instrumentos para o crescimento de todos, mediante a educação, o trabalho, o respeito pelas leis, pelo próximo, pela vida, estimulando sempre ao avanço consciente para a execução do que é realmente importante.

Tendo-se em vista o essencial, que é a liberdade de consciência e a dignidade no campo da ação, as demais ocorrências têm lugar como fenômeno natural do bem proceder.

Esse mecanismo de viver com receio ao mal que pode acontecer, que já aconteceu ou que estará acontecendo, é resultado de um comportamento masoquista, que acompanha o ser humano desde há muito, quando se informava que o mundo era perverso, um *vale de lágrimas*, uma região de sofrimentos, e que a razão da existência na Terra era punitiva.

Graças às lições profundas das modernas doutrinas psicológicas e, antes delas, daquelas fornecidas pelo Espiritismo, conseguiu-se demonstrar que a existência terrestre é enriquecedora, fonte inesgotável de benefícios em favor da glória da imortalidade.

*

Não te refugies no desculpismo do temor ao mal, a fim de permaneceres na ociosidade, no relaxamento, na queixa.

O aparente mal que sucede, guarda, não poucas vezes, preciosos tesouros de sabedoria, se o indivíduo detiver-se a examiná-lo, dele eliminar a *sombra* e o queixume. Isto porque o mal de hoje normalmente converte-se em um grande bem mais tarde.

É nesse sentido que se deve entender a resposta Divina às orações terrestres...

Normalmente deseja-se ter atendidos os apelos, mesmo aqueles que não merecem o mínimo de consideração, em face do conteúdo de que se revestem. Outros, no entanto, portadores de significados mais expressivos, não recebem, quanto gostaria o orante, a consideração que pensa merecer. Mas assim sucede, porque a percepção humana é muito limitada em relação ao porvir, e o *ego* predomina nas suas escolhas.

A visão da Divindade é muito mais elevada e, portanto, nega o caprichoso desejo de agora, desenvolve um programa de harmonia sem traumas nem angústias que ocorreriam caso fosse atendido, em razão dos sucessos que virão mais tarde.

Quando se tem amadurecimento emocional, com facilidade converte-se algo desagradável e portador de mal-estar em utilidade e bênção.

A depender da ótica emocional daquele que o vivencia, descobrem-se salutares mudanças de comportamento, de lógica de ação, e retiram-se benefícios de que se adorna, no que parecia um dano ou prejuízo.

Quem contemple um pântano, não tendo capacidade de entender os milagres do solo, considera-o permanente reduto pestilento. No entanto, com uma conveniente drenagem e cuidados especiais, pode ser transformado em jardim exuberante de flores e perfumes ou pomar de ricos e sazonados frutos.

O mesmo ocorre quando se depara com o deserto e se lhe vê a terrível e ameaçadora aridez. Entretanto, a tecnologia agrícola tem transformado grandes áreas dessa natureza em florescentes paisagens e aprazíveis bosques...

Todo o Universo é um *corpo* homogêneo e *vivo*, portador de grande harmonia.

O Mal é ainda ignorância do Bem e caminho de difícil acesso, para fortalecimento das experiências do transeunte em processo de crescimento espiritual.

Desse modo, propicia-te pensamentos edificantes, cultiva aspirações enobrecedoras, mantém a certeza de que somente o bem é de sabor eterno, quando tudo mais é transitório.

Vive de tal maneira que, se a desencarnação surpreender-te inesperadamente, terás armazenado luz e paz que te servirão de guia futuro afora...

Quem teme a treva não avança, e aquele que procura poupar-se do mal, não consegue construir a plenitude íntima.

Todas as experiências são válidas para o trabalho de autoconsciência, sem a qual a jornada é sempre muito difícil.

Reconsidera, portanto, velhas bengalas psicológicas de apoio doentio e reconquista a saúde, dedicando-te à construção do bem.

*

Recorda-te, por fim, de Jesus.

Todo aquele que O busca com sinceridade nunca se detém em *sombras*, porque Ele é a Luz do Mundo, que desbasta todo tipo de escuridão interna e externa.

Também Ele enfrentou o mal e os males que vicejavam no Seu tempo, nunca aceitou a proposta derrotista das circunstâncias infelizes de então, inaugurando a Era do Espírito imortal.

26
Inteligência e emoção

Na construção dos equipamentos orgânicos para a evolução, a Divindade programou que o hemisfério direito do cérebro seja responsável pela beleza, pela arte, pelos sentimentos, possuidor de um caráter criativo e holístico, enquanto que o esquerdo responda pelo conhecimento, pela razão e pela lógica, demarcadamente separados pelo corpo caloso.

Na atualidade, não há como negar-se as notáveis conquistas da inteligência responsáveis pela Tecnologia e por todos os extraordinários contributos da Ciência, tornando a vida na Terra mais confortável, com muitos males eliminados ou contornados, o que propicia bem-estar, conforto e facilidades de todo porte. Nada obstante, não se pode desconhecer que esses instrumentos fabulosos de que se tem utilizado o conhecimento, inúmeros são também responsáveis por males incontáveis e desastres dantes jamais imaginados de tornar-se realidade.

Referimo-nos às armas ditas *inteligentes* com o seu poder de destruição superlativo, assim como às elaboradas quimicamente para matar, as biológicas portadoras de epidemias terríveis, ao lado de outras tantas capazes de destruir a flora, a fauna, contaminar as águas e intoxicar a atmosfera com o único objetivo ganancioso do poder arbitrário e egotista de governantes desalmados.

Ao lado das comunicações virtuais de inestimáveis significados para o progresso do indivíduo assim como das massas, encontra-se a perversa utilização para o crime de várias expressões, para a dissolução dos costumes, para a promiscuidade, para o comércio nefário de vidas em florações, para a drogadição com todo o seu cortejo de tragédias, para a expansão da loucura, para a perda do sentido psicológico existencial...

A imaginação exacerbada pelo conhecimento entorpece as emoções elevadas e contribui para as alucinadas fugas da realidade, para o prazer exaustivo e o gozo irrefreável, em nome do moderno, do oportuno e do inadiável.

O tempo gasto na execução do anseio de estar em todo lugar ao mesmo tempo, de desfrutar das concessões decorrentes de viagens fantásticas, de intercâmbios para o gozo exorbitante, esgota-se na ampulheta dos anos e logo surgem as frustrações atormentadoras, o tédio doentio, a indiferença pela vida e o desprezo dos valores éticos, relegados a plano secundário ou totalmente desconsiderados.

Criou-se um quase abismo entre o saber e o sentir, entre a inteligência e a emoção, gerando a perda da comunicação realmente afetiva, do espírito de gentileza e de bondade, de companheirismo, de autoiluminação pela conquista da consciência, reduzindo o ser humano à condição de máquina em funcionamento automático sem controle nem diretriz.

Vive-se a epopeia da cultura utilitarista e selvagem em detrimento da harmonia entre a inteligência e a emoção, de forma que seja possível o desenvolvimento e vivência das aspirações superiores da vida.

A existência tem como finalidade precípua a autoconquista, a transformação dos instintos violentos em emoções equilibradas, da agressividade defensiva em utilização da energia criadora, e não apenas para o erotismo extravagante, para a fruição dos sentidos no mergulho da escuridão do *ego* com total esquecimento do Espírito que se é.

✶

O tradicional conceito em torno da voz do coração, torna-se uma necessidade de atualização, por ensejar o aprimoramento dos valores éticos registrados no hemisfério direito, o que propicia o seu enriquecimento emocional, que trabalhará em favor da conquista do bem que expressa a *vontade e as Leis de Deus.*

A inteligência, portanto, desenvolvida e cultivada sem o controle das emoções radicadas nos princípios valiosíssimos do amor, torna-se alucinada, exacerbada pelo egoísmo de que se nutre, em detrimento das necessidades humanas que se movimentam em toda parte.

O coração humano é o grande motor responsável pela manutenção da vida física na viagem evolutiva, possuindo 40.000 células nervosas que são responsáveis por *ações pensantes*, quais se constituíssem um pequeno cérebro no seu conjunto, independente das funções que são atribuídas ao órgão total.

Lentamente, após incontáveis padecimentos, o ser humano vai descobrindo que a inteligência sem a emoção dignificada transforma-se em conquista prejudicial, geradora de conflitos inomináveis e de condutas extravagantes quão alucinadas.

Como efeito, surge o impositivo de trabalhar-se com a mesma intensidade o hemisfério direito, exercitando os valores da emotividade, da inspiração, do serviço de solidariedade humana, ao tempo em que se torna impostergável o dever de ampliar a área do afeto, vinculando-se aos ideais de enobrecimento e às pessoas lutadoras que se transformam em líderes do progresso social e moral da humanidade.

O conhecimento que abre as janelas da alma para a percepção da realidade, quando não é nutrido pelo sentimento ético, conduz à cegueira da razão, que somente se direciona para o imediatismo do prazer e do interesse pessoal com parcial ou total indiferença pelo que sucede em volta.

Assim tem sido o comportamento da sociedade nestes longos milênios de desenvolvimento da inteligência, na ânsia de ultrapassar os limites das ocorrências e no desespero de solucionar as dificuldades que parecem impedi-la de alçar voos cada vez mais amplos em busca do Infinito...

Enquanto o amor não vicejar nos sentimentos e contribuir em favor da harmonia interna, do equilíbrio das emoções defluentes das sensações, ainda em fase primária de seleção, o sofrimento seguirá ao lado dos viandantes pelos caminhos carnais.

Desenvolver um programa de realizações internas caracterizadas pelos sentimentos de compreensão em favor da família humana, torna-se uma urgente necessidade que não deve ser postergada, sem que surjam ocorrências nefastas, angustiantes.

Ninguém consegue viver em equilíbrio sem um projeto de existência alicerçado na afetividade, o que implica dizer que ninguém logra realizar-se durante a vida física sem um objetivo psicológico superior. Se esse objetivo é material, imediato, constituído pelos desejos egoicos, o sentido da vida logo desaparece e o ser derrapa em transtorno de comportamento, mergulhando em melancolia, e asfixia-se na depressão.

Unir, portanto, as aspirações da inteligência com as aplicações do sentimento deve constituir-se a primeira meta a caminho dos ideais cósmicos, ínsitos no cerne do ser.

✶

Sem dúvida, a inteligência é responsável pela grande horizontal das conquistas humanas, mas o sentimento é a grande vertical na direção de Deus.

No centro em que se encontram as duas vertentes, está o coração pulsando em Amor e cantando as glórias do existir.

27
Ponte de misericórdia

No báratro das aflições que aturdem o ser humano atormentado pelo consumismo e pelo individualismo, uma ponte de misericórdia existe lançada sobre o abismo escuro, facultando-lhe descortinar abençoadas paisagens transcendentais.

Sentindo-se despojado dos valores da fé, da confiança em Deus e no Amor, quase vencido pelas circunstâncias constringentes e desesperadoras, defronta-se com esse inesperado contributo da Divindade que o convida a vencer a distância que o situa em relação à outra margem, a fim de que se lhe atenuem e mesmo desapareçam os fatores de sofrimento.

Quando passa a compreender a finalidade existencial e adquire consciência da própria imortalidade, graças a essa ponte, renovam-se-lhe o entusiasmo e a alegria de viver, por perceber que o sentido psicológico mantenedor da harmonia pode ser alcançado mediante a visão do futuro que o aguarda através da ação superior do bem.

Automaticamente experimenta inusitado desejo de sair do estado de depressão ou de revolta em que se encontra, a fim de cooperar com a sociedade irrequieta na qual se movimenta e anela por paz.

Essa ponte misericordiosa é a mediunidade iluminada pelas contribuições inestimáveis do Espiritismo, que lhe retiram as indumentárias místicas e complexas convencionais, para dar-lhe o exato sentido de vivência dentro dos padrões ético-morais do pensamento de Jesus a serviço de si mesmo, do seu próximo e do progresso geral.

Através da prática saudável dos recursos mediúnicos de que é portador, o indivíduo, que antes se encontrava sob a constrição das forças sombrias da perturbação em si mesmo assim como das influências negativas impostas pelos Espíritos ignorantes ou perversos, redescobre o bem-estar que o toma suavemente, enquanto se aprimora interiormente, e muda de foco existencial, passa a viver sob novas diretrizes.

Enquanto era instrumento inconsciente dos transtornos psicológicos, alguns dos quais de natureza mediúnica obsessiva, era conduzido pelos terrenos ásperos dos comportamentos doentios e destrutivos.

Ao identificar-lhes, porém, as causas na própria realidade como autor dos atos que se transformaram em efeitos danosos, recupera-se emocionalmente, adquire o equilíbrio que favorece a melhor visão dos objetivos essenciais para a conquista de uma existência ditosa.

Passa, então, a reflexionar em torno do pensamento saudável, propõe-se a linguagem correta e edificante, e o comportamento trabalhado nos ideais de beleza, de harmonia e de fraternidade.

Já não lhe pesam na consciência os fardos das culpas do passado, nem o atormentam as interrogações que pareciam sem respostas, porque compreende que tudo depende exclusivamente da maneira como se conduza, projetando para o porvir, mediante as ações dignificadoras do presente, os resultados da sementeira de bênçãos do momento.

✶

A mediunidade é a ponte libertadora através da qual o ser transita no rumo de plenitude espiritual.

Pouquíssimo compreendida, tem sido malsinada por informações destituídas de fundamentos, dentre os quais a assertiva de que todos os médiuns sofrem muito, como se a dor fosse impositivo dessa formosa faculdade.

Sob outro aspecto, existe uma reação psicológica à educação da mediunidade, em razão de as pessoas não desejarem assumir responsabilidades, especialmente em torno da renovação moral e da transformação dos hábitos infelizes, para ser pleno. O anseio imediato é o do prazer sem compromisso nem esforço, como se a finalidade da existência na Terra fosse assinalada por alegrias e gozos, normalmente extenuantes, que se transformam em vícios de consequências funestas.

Ainda sob outro enfoque, pensa-se que a faculdade mediúnica é algo estranho, de caráter mágico, carregada de simbolismos e fetiches para realizações de atos mirabolantes ou miraculosos, com especificidades materiais: casamento, emprego, sorte nos empreendimentos...

Algumas pessoas insensatas, quando se percebem portadora da sensibilidade mediúnica, esforçam-se por encontrar meios para eliminá-la como se fosse um capricho do organismo que a elabora ao acaso e elege aqueles que a devem ou não experienciar como pesado fardo.

Meditasse, aquele que assim pensa, em torno da nobre possibilidade de manter contato com o mundo espiritual de onde veio e para onde retornará, e, naturalmente, experimentaria um júbilo imenso, em face da certeza da sobrevivência à morte, que dá continuidade à vida.

Essa reflexão auxiliaria à conquista de um objetivo psicológico sério para a jornada física, facultaria a aplicação das horas no trabalho incessante de autoaprimoramento com a consequente autoiluminação proporcionadora de plenitude.

A confirmação do intercâmbio entre as duas expressões da vida humana – na forma física e fora dela – proporciona a descoberta de todo um universo de beleza que se encontra ao alcance de quem o deseje conquistar.

Enfermidades dilaceradoras, físicas, emocionais e mentais seriam evitadas com facilidade, comportamentos extravagantes seriam substituídos pelos de caráter equilibrado, a compreensão da vida se faria de imediato mais sensata e enriquecedora, enquanto o mundo passaria por uma grande renovação em decorrência da conduta dos seus habitantes.

A mediunidade, no entanto, quando relegada ao abandono ou permanece ignorada, torna-se, ainda assim, ponte para aflições e transtornos que dizem respeito ao Espírito endividado que necessita recuperar-se, a fim de prosseguir no seu processo de evolução moral.

Não é, portanto, a mediunidade em si mesma que responde pelas alegrias ou angústias do seu portador, mas aquele que a possui ostensiva ou natural, de acordo com a direção que lhe oferece.

Inutilmente tentará diluir essa ponte parafísica da sua constituição orgânica, o homem ou a mulher que pretenda seguir em tranquilidade sendo-lhe possuidor.

Bênção dos céus à disposição dos transeuntes da Terra, a mediunidade deve ser vivenciada com carinho e respeito, oferecendo a todos quantos sintam *de alguma forma a presença dos Espíritos*, conforme esclareceu Allan Kardec, a excelente alavanca para o próprio progresso e redenção moral.

✶

Jesus, que é o Exemplo máximo de que dispõe a humanidade para encontrar a felicidade plena, prossegue na condição de Médium de Deus e torna o Pai conhecido de todos os Seus filhos, através das inconfundíveis lições de Amor e de Misericórdia que são ofertadas.

Seguir-Lhe o exemplo, a fim de alcançar o mediunato, é a opção correta de todos aqueles que dispõem da abençoada ponte de misericórdia.

28
Amanhecer da imortalidade

Desde épocas remotas que o fenômeno da morte é acompanhado por cerimônias depressivas, que assinalam o fim da existência corporal e procuram ocultar-lhe a realidade através de símbolos cabalísticos e representativos da destruição da matéria, ou em alguns casos, do aniquilamento da vida.

De alguma forma, trata-se de uma conduta exterior para ocultar todo o sofrimento que decorre da desencarnação do ser querido, que encobre ou dissimula a ocorrência fúnebre.

Rituais complexos, indumentárias sombrias, cânticos melancólicos, decoração carregada de sombras são o pano de fundo sobre o qual repousa no esquife o corpo de quem concluiu a jornada e é reverenciado pelos que permanecerão temporariamente, e desse modo exaltam-lhe as qualidades reais e as atribuídas pela bajulação, concede-lhe a glória celestial a peso de ouro, libera-o das graves consequências dos atos insanos, como se a Divindade se submetesse ao talante das vaidades humanas.

Sicários de povos que foram sacrificados, governantes odientos e impiedosos, réprobos morais, mas portadores de fortunas expressivas, recebem dos religiosos interessados nos seus bens homenagens póstumas e perdão dos crimes hediondos que praticaram, como se o simples morrer pudesse apagar todas as máculas e desgraças deixadas pelos caminhos percorridos.

Muitas dessas cerimônias fúnebres escondem os ódios dos familiares que aguardam a apropriação dos bens que lhes serão passados legalmente, cumprem um dever social, sem qualquer sentimento de solidariedade e de compaixão por aquele que irá enfrentar os ditames da própria consciência, longe das fórmulas exteriores e das aparências faustosas...

Aguardam que logo terminem as exéquias, a fim de volverem ao campo das ilusões em que se comprazem, distanciados das responsabilidades para com a vida e em relação a eles próprios.

Em algumas culturas do ocidente, após o sepultamento agitado, os convidados retornam ao lar do desencarnado para repastos de alto preço, nos quais os comentários desairosos sobre o falecido ocupam lugar de destaque nas conversações frívolas.

Felizmente, os pobres e desafortunados da Terra não dispõem de recursos para essas exéquias pomposas em nome da morte, e atravessam o mitológico rio Estiges na barca dirigida por Caronte, chegando à outra margem, sem os funerais perturbadores nem os comportamentos estranhos dos que irão disputar as heranças faustosas daqueles que partiram...

A morte é ocorrência inevitável que a todos alcança, que interrompe planos e atividades, sofrimentos e angústias, ambições e programas elaborados como se a existência física não tivesse limite...

Antecedida por enfermidades diversas ou surpreendendo em impacto inesperado, essa fatalidade faz parte da experiência humana iluminativa através da reencarnação.

O corpo, mesmo quando aquinhoado pelas bênçãos da beleza, da saúde, da harmonia, é sempre susceptível de alterações e desajustes que o fazem sucumbir.

Morrer, portanto, é parte da programação existencial de que ninguém se poderá eximir.

*

Vive cada momento da tua jornada como se fosse o último.

Não te creias em regime de exceção ante a morte, porque esse privilégio não existe.

Permanece vigilante na tua jornada humana, recorda-te de que, por mais longa se te afigure, depois que passa, dar-te-á a impressão que foi breve demasiadamente, e que não tiveste o necessário tempo para bem atendê-la.

Não postergues os deveres de libertação moral para melhor, nem acredites que amanhã poderás realizar o que hoje se te afigura como impossível.

Atende a cada compromisso com responsabilidade e consciência de ação correta, porque eles fazem parte do teu esquema evolutivo e te acompanharão através dos resultados das ações perpetradas.

Não te iludas quanto à possibilidade de driblar o acontecimento infausto, porque transitas numa faixa relativa da vida portadora de efêmera duração.

Igualmente considera que a tua existência tem um grande significado espiritual para ti mesmo, assim como para a sociedade de que fazes parte.

Mantém-te vigilante quanto aos pensamentos, evita cultivar ideias dissolventes, que preservam os sentimentos viciosos e destrutivos.

Enquanto vige a oportunidade carnal, semeia alegria de viver e bondade em toda parte, e faze que a paisagem da tua morada seja adornada de gentilezas e de ternura.

A gentileza e a ternura fazem muita falta à atual sociedade terrestre.

Sempre armado pelo egoísmo, o ser humano esquece-se que deve ser amado e nunca temido, pois que essa é a finalidade das conquistas morais que lhe estão programadas.

O processo de crescimento que lhe cabe desenvolver é de natureza íntima, a fim de que *brilhe a sua luz.*

Desse modo, nunca lamentes a desencarnação do ser amado, pois que havendo concluído a tarefa para a qual renasceu na matéria, deve retornar ao Grande Lar para futuros comprometimentos.

Tem certeza que ele não te abandonará, manterá intercâmbio mental e emocional contigo, se permaneceres na faixa vibratória do amor sem apego, da saudade sem revolta, da gratidão sem amargura.

Ademais, prossegue na construção do bem no mundo interior, porque ao chegar o momento do teu retorno, ele estará esperando-te com inefável alegria para o reencontro, após o qual não haverá mais separação.

A morte não é o fim da vida, mas o início de uma outra sua expressão, que é a verdadeira!

De igual maneira, é inevitável a ressurreição, qual ocorreu com Jesus, que retornou ao seio daqueles a quem amava, a fim de confirmar a glória da imortalidade.

✶

Faze, pois, da tua atual existência um hino de louvor à Vida.

Se te excruciam padecimentos diversos, alegra-te, porque logo passarão e deixarão impressos nos painéis do ser que és as conquistas libertadoras.

Se experimentas angústias ou sofres escassez de algo, tem bom ânimo, porque logo mais estarás livre e feliz.

Se te sentes enriquecido de paz e de saúde, de alegria e de conhecimentos, aplica-os na construção do futuro, e reparte-os com os demais viandantes do caminho que percorres.

E seja qual for a situação em que te debatas, lembra-te de que logo mais, ela cederá lugar ao sublime amanhecer da imortalidade.

29
Glória da imortalidade

O triunfo da imortalidade do Espírito inicia-se no momento da sua ressurreição após a morte do corpo físico. Ao despertar na dimensão espiritual e dar-se conta da sobrevivência, o Espírito compreende o significado da existência corporal e faz um balanço das realizações durante toda a jornada, aprofunda os conteúdos felizes daquelas que o enriqueceram de paz e de lucidez, enquanto confere aqueloutras nas quais não logrou o êxito que poderia ter conseguido se houvesse persistido nos sentimentos nobres.

Dá-se conta da oportunidade que se lhe apresenta assim, como das infinitas possibilidades que passa a dispor, caso deseje avançar no rumo da plenitude.

Descortina, mediante a reflexão calma e sábia, as bênçãos que o aguardam através das futuras reencarnações e começa a empenhar-se na autopreparação para os futuros empreendimentos libertadores.

Indizível alegria invade-o ante a perspectiva de que é possível conseguir a autoiluminação e que tudo quanto produza de bem ou de mal reverte-se em sua própria direção, propicia-lhe alegrias inauditas ou desventuras perturbadoras.

Mesmo que haja vivenciado a existência de maneira incorreta, agora dispõe de novos recursos para a autorrecuperação, que passa a depender exclusivamente do empenho com que se dedique à conquista dos valores mal-utilizados.

Quando, porém, deixou-se intoxicar pelos vapores da soberba e do orgulho, entregou-se aos despautérios nos quais se comprazia, toma conhecimento dos terríveis danos a si próprio infligidos e, sem amadurecimento psicológico para compreender a responsabilidade que lhe pesa sobre os ombros, permite-se a revolta e o desespero que mais o atormentam, empurram-no para as sombras demoradas da perturbação e do desequilíbrio.

Cada ser é responsável pelas consequências dos atos que pratica. O seu livre arbítrio proporciona-lhe a eleição do que considera como digno de respeito, arrasta-o, mesmo quando a contragosto, pelo caminho escolhido, naturalmente o induz a assumir os resultados de todas as atitudes.

O Senhor do Universo não aplicaria mais de dois bilhões de anos para que a vida se iniciasse no orbe terrestre até alcançar o nível da razão e do discernimento, da consciência e do saber, se a mesma não tivesse a finalidade sublime da perfeição.

Negar-Lhe a causalidade é fuga e transferência para a ilusão, na qual se compraz o invigilante, que pensa em evadir-se das responsabilidades sob a vã justificativa da ignorância.

Tudo no Cosmo fala de ordem, de equilíbrio, de harmonia, mesmo quando se contempla o aparente caos, que oculta os princípios que o produzem, embora permaneçam desconhecidos.

Há, portanto, em tudo e em todos a fatalidade para a glória da imortalidade em permanente triunfo.

A vida jamais se extingue, desde quando foi iniciada.

O Espírito é criação do Amor com o destino da alegria sem limites.

✶

Enquanto se transita na carne, a memória dos acontecimentos espirituais diminui de intensidade, momentaneamente bloqueada em parte, a fim de não gerar embaraços no processo de crescimento interior.

As heranças atávicas dos instintos primários, não poucas vezes, tentam obstaculizar a lucidez do pensamento que aspira por mais altos voos na direção do Infinito.

Isso concorre para os equívocos morais lamentáveis e as fixações tormentosas no prazer, que nunca se faz saciado, sempre aspirando por novas sensações proporcionadoras de gozos.

Os elevados conceitos de dever e de responsabilidade, invariavelmente, cedem lugar aos de direitos e permissões, sem a correspondente contribuição que confere essas ofertas existenciais.

As mentes desvairadas pelos tormentos ancestrais, que se encontram fixados nos mapas do processo de crescimento ético-moral, elaboram, apressadas, informações diluentes dos sérios compromissos com a Realidade, proporcionam comportamentos materialistas, utilitaristas, investem no aniquilamento do Espírito a partir do fenômeno da morte orgânica.

Embora a intuição e as lembranças vagas da imortalidade, da experiência fora do corpo, durante o interregno da desencarnação anterior e da reencarnação atual, o ser irresponsável e presunçoso vitaliza essa conduta aberrante e permite-se apenas o uso da indumentária fisiológica para as satisfações egoístas em que se compraz.

Arrebatado pela desencarnação que a todos alcança, desperta em desvario, procura o esquecimento absoluto, a ausência de vida, e encontra-a estuante, experimentando, então, uma frustração terrível que o amargura e atormenta.

A vida é constituída de valores bons e maus, a depender de como são aplicados por cada criatura, quando lhe cabe a sábia eleição que faculte o resultado da alegria inefável da consciência reta, que permanece fiel aos ditames da ordem e do dever.

Por que a uns a vida exigiria ações dolorosas, fadigas e lutas, enquanto que a outros concederia somente comodidades e júbilos, numa eleição desigual e absurda?

Desde que não existem privilégios nas Soberanas Leis que regem o Universo, todos os seres que nele se encontram estão submissos aos mesmos códigos morais e responsabilidades espirituais, que permitem as bênçãos dos sorrisos, tanto quanto as dádivas das lágrimas.

Vive, portanto, de tal modo que ao chegar o momento de despedida das vestes corporais, disponhas de recursos para a libertação plena do seu ergástulo que, por um período, permitiu-te fruir os meios que proporcionam o estado de paz.

Enquanto estejas no corpo, utiliza-o com respeito e desincumbe-te dos deveres que te cabem, porque desencarnarás e conduzirás as ações em que te empenhaste e que se constituirão os recursos indispensáveis para a continuação da jornada.

O mesmo ocorre com os familiares e amigos que fazem parte do teu relacionamento, assim como sucede com aqueles que te geraram dificuldades e criaram embaraços existenciais, sendo agora inimigos e perseguidores.

Ninguém foge de si mesmo.

A glória da ressurreição é o incomparável despertar para a vida em triunfo.

*

Dia de finados!

Aqueles que são considerados mortos encontram-se vivos em processo de autoavaliação dos próprios atos, ansiosos pela oportunidade de recomeçar e refazer os caminhos mal percorridos.

À sua semelhança, aqueles que se empenharam na Obra da Verdade, também anelam pela felicidade de ajudar e de crescer na direção de Deus, o Amor sem limites.

Ora pelos que desencarnaram e ajuda os Espíritos encarcerados na matéria, que ainda ignoram o destino que os aguarda.

...E segue em paz, amando e servindo sempre.

30
VENCEDOR INCOMPARÁVEL

O cadáver das nações vencidas encontrava-se exposto em decomposição moral, devorado pelos abutres do poder transitório, sucedidos sempre pelos mais fortes momentaneamente.

Naqueles dias, as legiões romanas esmagavam o mundo conhecido, enquanto a decadência moral tomava conta da capital do Império e se espalhava por toda parte.

A degradação humana atingira o clímax da sua degenerescência.

A sombra do terror diminuía a claridade do sol do discernimento e a crueldade reinava soberana em todo lugar, devorando aqueles que se lhe faziam vítimas, sendo substituída por mais terríveis manifestações de selvageria.

As musas haviam-se refugiado no Parnaso e os deuses do bem e da justiça, da harmonia e da ética, que sempre eram cantados nas expressões da beleza, foram expurgados da sociedade, que agora cultivava as paixões bélicas e as transitórias forças do poder exaustivo.

Deus silenciara a Sua mensagem de Amor nos penetrais do infinito, e mesmo Israel, que afirmava cultuá-lO, sentia-Lhe a ausência, dominada pelas ambições desmedidas e orgulhosas das suas tradições.

O crime campeava à solta, e os mais vis conciliábulos eram firmados entre os triunfadores de um dia.

Nesse clima de hediondez veio, então, Jesus, confirmar a promessa apresentada pelos profetas do passado, a fim de inaugurar a Era do Amor para modificar a estrutura moral da sociedade para sempre.

Um pouco antes, enviados especiais nas artes, no pensamento e na cultura enriqueceram o Império Romano com beleza, diminuindo a arbitrariedade dominante e, ao mesmo tempo, preparando o advento do Evangelho de Luz e de Misericórdia.

De um lado, a barbárie em predomínio, enquanto que, de outro, o raiar de glorioso amanhecer de bênçãos.

Para demonstrar desprezo pelas honrarias do mundo e as ilusões vigentes, Jesus nasceu na pobreza e dignificou a simplicidade, demonstrou que o maior poder existente e que perdura para sempre é aquele que se origina nos sentimentos de ternura e de compaixão, que renova as ressequidas searas do coração desolado...

A partir de então, nunca mais a humanidade seria a mesma.

Por mais teimassem os destruidores da esperança e os zombadores do bem, a Sua mensagem penetraria o âmago das criaturas que, mesmo destituídas, no momento, da capacidade de entendê-la para modificar-se, ficariam ensementadas para o futuro por todo o sempre.

Tocados por esse fluxo Divino, renasceram nas páginas sombrias da História do futuro Espíritos nobres que deixam as imorredouras lições da fraternidade e do sacrifício como normativas felizes para o triunfo sobre todas as paixões asselvajadas.

Por essa razão, nos dias atuais, quando as paisagens humanas encontram-se devoradas pelo fogo da insensatez e do orgulho, da violência e dos descalabros morais, ressurgem do silêncio dos túmulos as vozes da imortalidade e entoam o hino de compaixão e de caridade para com todas as criaturas terrestres.

Repontam, em toda parte, aqueles mesmos Espíritos que ouviram a mensagem no passado e não a souberam vivenciar, agora habilitados para transmiti-la aos ouvidos e aos corações dos sofredores de todo jaez.

✶

Jamais a sociedade recebera no seu seio alguém semelhante a Jesus.

A Sua presença incomum dividiu os períodos históricos, tornou-se imorredoura na memória e no comportamento de todos os tempos.

Adulterada, a fim de atender as conveniências de alguns daqueles que se lhe diziam vinculados, utilizada como arma de vingança e de destruição pelos insensatos mistificadores que não acreditavam na sobrevivência ao túmulo, permaneceu incorruptível na memória dos tempos, a fim de ser reapresentada pelos imortais, por Ele enviados, para inaugurar a Era do Consolador que prometera, antes da partida...

...E ao retornar a sinfonia de incomparável beleza que o mundo parecia haver esquecido, aqueles que O ouviram e não O seguiram ou O acompanharam conforme os próprios interesses, levantaram-se para apresentá-la ao mundo contemporâneo, ricos de conhecimento, mas sofridos e desgastados nas emoções superiores asfixiadas pelos vícios e comprometimentos infelizes.

Sendo o Espiritismo, que O desvela, a Doutrina dos que vivem além da sepultura, ninguém o pode deter, nem o conspurcar, conforme o fizeram com a mensagem inicial.

É certo que tentarão reverter a ordem dos ensinamentos, adaptá-los aos infiéis conteúdos do passado, que procurarão apresentar desvios de condutas próprias às alucinações da época, porém, sem o êxito a que se propõem, porque os Espíritos que *sopram em toda parte*, demonstrarão os equívocos hediondos e manterão puros os paradigmas e as lições de inconfundível beleza do Evangelho.

Embora estes dias apresentem-se com muitas das características daqueles em que Ele viveu com as criaturas humanas, as circunstâncias são diferentes, por causa da grande transição que o planeta experiencia, deixando as *sombras* densas em que se encontra mergulhado para flutuar nas Divinas claridades da regeneração que se aproxima.

Força alguma, de qualquer procedência, poderá impedir o processo irreversível da evolução comandada por esse Vencedor Incomparável, que transformou os braços de uma cruz de vergonha em asas luminosas de libertação perene.

O Espiritismo é a sublime realidade da volta de Jesus a todos quantos padecem injunções penosas e caminham pelas estradas difíceis da ignorância e aguardam o Guia e seguro Mentor.

Não havendo outra alternativa para que seja conseguido o significado psicológico da existência física, senão o alvo da imortalidade, é inevitável que as propostas incomparáveis do Amor de Jesus encontrem ressonância no íntimo mo de todos e permaneçam como diretrizes de segurança emocional para a jornada feliz.

As conquistas da Ciência, as admiráveis realizações da Tecnologia, os altos índices de conhecimento do mundo exterior, na atualidade, inevitavelmente conduzem, também, o ser humano à viagem interna, a fim de que decifre as incógnitas do sentimento e equacione os desafios existenciais, abrace as causas do bem e da fraternidade como as mais dignas de serem vivenciadas.

*

Ante as dúlcidas melodias evocativas do Natal que recorda o momento em que Jesus mergulhou nas *sombras* do planeta para viver com os Seus discípulos humanos, mantém-te vigilante, procura descobrir se já O sentes nos recessos do ser e se te entregas, realmente, à Sua programação.

O Natal é mais do que uma data elegida aleatoriamente no calendário, para assinalar o dia do Seu nascimento.

É, também, o momento em que Ele, nascendo no teu coração passa a comandar a tua existência, nela edifica o Reino de Deus que se espalhará por toda a Terra e torna todas as criaturas melhores e mais felizes.

Felicidades, pois, no Natal e em todos os Anos Novos da tua jornada terrestre!

Eliete

Che la tua vita sia un giardino di speranza!

Roberta Z

Baci dall'autrice

— o —

CHE IL BRILLARE DELLE STELLE ILLUMINI LA TUA VITA!

Marina Z

COGNATA.

— o —

TI RINGRAZIO PER ~~LA TUA COLLABORAZIONE~~ AVER PARTECIPATO ALLA STESURA DI QUESTO LIBRO

(Marina Melone) — o — UN ABBRACCIO

CARA GIULIA,

Che la tua vita sia un bel cielo stellato.

Baci dall'autrice,

Fiorella!

Che la tua vita sia un giardino di speranza!

Un abbraccio dall'autrice,

03/07/16

Este livro foi impresso na
LIS GRÁFICA E EDITORA LTDA.
Rua Felício Antônio Alves, 370 – Bonsucesso
CEP 07175-450 – Guarulhos – SP
Fone: (11) 3382-0777 – Fax: (11) 3382-0778
lisgrafica@lisgrafica.com.br – www.lisgrafica.com.br